Das
TAROT
der Frauen

Jean Freer

URANIA VERLAG

Titel der Originalausgabe: *Toward a reclaimed Tarot*
Erschienen bei *Lamia Publ., London*

Aus dem Englischen übersetzt von Ulrike Budde

1. Auflage 1987
1. bis 5. Tausend

ISBN 3 - 921960 - 49 - 5

Gesamtherstellung: Schneelöwe, 8961 Haldenwang
Printed in Germany

HÖRE
DIE WORTE
DER MUTTER DES
UNIVERSUMS: BEMÜHE
DICH IMMER UM DEIN
HÖCHSTES IDEAL UND
BEWAHRE ES. LASS DICH
NICHT AUFHALTEN ODER VON
DIESEM WEG ABBRINGEN. DENN
MEIN IST DER BECHER MIT DEM
WEIN DES LEBENS UND DER KESSEL
VOLL CERRIDWEN. ICH BIN DIE MUTTER
ALLES LEBENDEN. MEINE LIEBE UMFASST
DIE GANZE ERDE. ICH BIN DIE SCHÖNHEIT
DER GRÜNEN ERDE, DER WEISSE MOND INMITTEN
DER STERNE, DAS GEHEIMNIS DER WASSER UND DIE
SEHNSUCHT IM HERZEN DES WEIBES. LASS VOR
MEINEM ANTLITZ DEIN INNERSTES SICH ENT-
FALTEN IN UNENDLICHER VERZÜCKUNG.
WISSE UM DAS GEHEIMNIS: FINDEST DU
DIE ANTWORT AUF DEINE FRAGE
NICHT IN UND MIT DIR SELBST, SO
WIRST DU SIE NIEMALS FINDEN.
DENN ICH HABE DICH
GESEHEN VON ANFANG
AN UND ERWARTE
DICH JETZT.
GESEGNET
SEIST
DU.

Inhalt

Verzeichnis der Abbildungen

Vielen ♀ möchte ich für dieses Buch danken

♀ Gillian Love-Taylor, die mir mein erstes Tarot-Kartendeck gab und ihre Deutung der Karten vermittelte; viele Jahre später überzeugte sie mich, ein Exemplar meines Tarot-Buches an Fay Franklin vom Thorsons-Verlag zu schicken.

♀ Gilly Salvat, Jackie Bat-Isha, Lyn Stevens & Janet Pearce, die mich ermutigten, Tarot genauer zu erforschen.

♀ Lindsay River und den ♀ von Cefn Foellat, die meine Phantasie und Vorstellungskraft anregten.

♀ Frances Howard-Gordon und ihrem Ehemann Jaimie, die mir ermöglichten, zwei Jahre lang im Hinterzimmer ihres Ladens in Glastonbury anderen das Tarot zu legen.

♀ Shangadevi und den meisten festen Mitgliedern des FWBO für ihr Entgegenkommen, wenn ich Frauen, die in Schwierigkeiten waren, die Karten gelegt habe.

♀ Philippa Berry, die mir die Möglichkeit bot, das Tarot in Fez zu studieren.

♀ Viv Brindson und ihrer Familie, die mich herzlich aufgenommen und versorgt haben.

♀ Su Cuthbert, die mir ihr wunderbares Haus in Bath zur Verfügung gestellt hat, wo ich den Teil über die Großen Arkana schrieb.

♀ Sheila O'Reilly für ihre Freundschaft und Großzügigkeit.

♀ Lee, die jetzt beim Friedenszug arbeitet, für ihre Hilfe bei der Beschreibung meiner Art und Weise, die Karten zu mischen.

♀ Den vielen, vielen ♀, die mir ihre Auffassung vom Tarot mitteilten; besonders den Besucherinnen meiner Kurse.

♀ Sheila Wilson für ihre Anmerkungen zur Reise durch das Leben und für ihre seelische Unterstützung in schweren Zeiten.

♀ Allen, die sich von mir die Karten legen ließen.

♀ Maria Schuman, Fiona Gardner und anderen aus der Gruppe der Feministischen Schriftstellerinnen von Bath, die mir bei der Suche nach Titel und Umschlaggestaltung für die erste Ausgabe geholfen und Teile des Manuskripts durchgesehen haben.

♀ Chris Wilson, ebenfalls aus der Schriftstellerinnengruppe, die die Vorlage für das Umschlagbild der ersten Ausgabe vorbereitet hat.

♀ Sharon, Maggie und den anderen ♀ des inzwischen aufgelösten Bath Printshop, in dem der Originalumschlag gedruckt wurde.

♀ Sandra Whilding; in ihrem Haus habe ich die erste Ausgabe vervielfältigt und verglichen.

♀ All den ♀, die mir gegen Bezahlung beim Tippen, Prüfen, Gestalten, Drucken, Binden und Verkaufen geholfen haben.

♀ Den vielen so unterschiedlichen ♀ für ihre positiven Reaktionen auf die erste Ausgabe.

♀ Angie Cuthbert, deren Gefühl als Vierjährige für die Karten meinen Glauben bestärkt hat.

♀ Wendy Hitch für ihre wunderbare Anwesenheit und unerschütterliche Liebe.

♀ Jana Runnalls, deren praktisches Naturell wesentlich beim Zustandekommen dieses Buches in seiner jetzigen Form beigetragen hat.

♀ Fay Franklin, meiner Lektorin beim Thorsons Verlag, für ihre unermüdliche Ermutigung und Unterstützung.

♀ Den ♀ vom „Hain am Berg des Mitleids", die die Arbeit so greifbar machten.

Vorwort*)

Seit den frühen 70er Jahren sind Frauen dabei, die Gesellschaft so zu verändern, daß wir einen Platz in ihr finden können. Die Sprache spielt in diesem Prozeß eine große Rolle. Besondere Aufmerksamkeit wurde dem Wort „woman" gewidmet – es bezeichnet sowohl die Ehefrau eines Mannes als auch den Teil der menschlichen Rasse, der angeblich aus Adams Rippe erschaffen wurde. Die „Frau" („woman") wurde der „Dame" („lady") eindeutig vorgezogen, und mit der Zeit entstanden viele unterschiedliche Schreibweisen. Margret Storey erarbeitete im Lauf von mehreren Jahren „wymn". Die einzelnen von mir verwendeten Formen geben aus meiner Wahrnehmung verschiedene Stufen von Bewußtsein und Lebenseinstellungen gegenüber unserer Realität wieder. Zum Beispiel: Das Wort „woman" bezeichnet Frauen, für die Fruchtbarkeit sehr wichtig ist und die sich sehr stark über ihren Schoß definieren; „wimin" und „wimnin" (Frauen) dagegen weigern sich zu gebären und sind sich der politischen Unterdrückung der Frauen durch den Sexismus des Patriarchats sehr genau bewußt. Eine lesbische („womon-loving") Frau („womon") ist stark und bezieht sich auf sich selbst, und viele „womyn" entwickeln zielgerichtet unsere magischen Energien und das Bedürfnis, als Heilende tätig zu sein. „Women" leben mit Männern zusammen,

*) Die Verfasserin der englischen Originalausgabe baut ihr Vorwort auf einem Wortspiel auf: Anhand verschiedener, lautmalerischer Schreibweisen des Wortes „woman" (Frau) reflektiert sie unterschiedliche weibliche Lebensauffassungen. Da es im Deutschen keine Entsprechung für diesen Kunstgriff gibt, sind die englischen Variationen in der Übersetzung belassen worden.

suchen Gleichheit und eine Balance zwischen Femininem und Maskulinem. Für mich sind all diese unterschiedlichen Schreibweisen – und andere, noch neu zu erfindende – wie die Namen verschiedener Stämme oder Clans. Mit zunehmender Autonomie beginnen wir zu differenzieren und achten mehr auf einzelne Aspekte und Charaktere. Die Vielfalt der Bezeichnungen spiegelt die reiche Kultur der Frauen wider, die in dieser Zeit der allgegenwärtigen Veränderung mit unserer eigenen Geburt in Erscheinung tritt.

Kapitel I

Warum überhaupt eine Auseinandersetzung mit dem Tarot?

Die Tradition des Okkulten

Eine kleine Anzahl von Feministinnen ist dabei, auch die westlichen okkulten Traditionen wieder aufzuarbeiten. Die in diesen Wissenschaften enthaltene Kenntnis des Universums offenbart sich allen, die die entsprechende Sprache erlernen. Folglich ist diese Tradition nur deshalb verborgen, weil die meisten Menschen kein Interesse daran haben oder sich nicht die Zeit nehmen, ihre Symbole zu studieren. Die moderne Kultur verneint die Bedeutung und Kraft aus dieser Tradition, und so wird die Beschäftigung mit Okkulten heutzutage sehr gering geschätzt. Trotzdem war die westliche Tradition, die sich in bestimmten Aspekten von der östlichen unterscheidet, nie ganz tot. Und wie überall, so muß auch das noch erhaltene, okkulte Wissen neu interpretiert werden – auf der Basis dessen, was wir als Erbe der Frauen zurückfordern. Ich habe eine dianische Interpretationslinie für diese Arbeit angelegt, besonders bei den Göttinnen, die zu jeder Tarotkarte gehören, und bei den Informationen zu den Zahlen.

Die westliche okkulte Tradition ist sehr stark von ägyptischer und jüdischer Magie beeinflußt, überlagert von christlicher Symbolik und Lehre. Die ägyptische Tradition bezieht sich auf die Göttin und den Gott, sowie auf das jährliche

Opfer an letzteren, um das Wohlergehen der Lebensgemeinschaft zu sichern. In den Jahrhunderten des Zeitalters von Aries haben jüdische Priester, die sich Rabbis oder Lehrer nannten, die Kabbala, d. h. die hebräische Geheimlehre, geschaffen. Diese Mystiker erkannten die Bedeutung des Weiblichen und gaben ihm Gestalt in der Idee von Binah. Dies entspricht – in einer Kosmologie der Dualität – dem östlichen Konzept des Ying. Nirgendwo jedoch hat das Weibliche als Nicht-Männliches („fe-male") die Möglichkeit einer autonomen Existenz. In vielen Aspekten haben die frühen Kabbalisten in ihrer Geheimlehre die Einstellung zu Frauen und diejenigen Erinnerungen an vorpatriarchalische Gesellschaftsformen berücksichtigt, die in ihrer Zeit noch existierten. Auf matriarchale Ursprünge verweist die Haltung der jüdischen Mystiker, die Frauen als heiliges Geschlecht anzusehen; obwohl die sozialen Normen, die im jüdischen Gesetz ihren Ausdruck finden, jeglicher Macht entgegenwirken, die Frauen durch Magie gewinnen könnten, und ihre Rolle in der jüdischen Gesellschaft in engen Grenzen halten.

Das siebte, achte und neunte Jahrhundert unserer Zeitrechnung brachte in Westeuropa wichtige Veränderungen in den Riten und der Interpretation der Symbole. Diese Zeit markierte die erste Periode tatsächlicher Stärke der christlichen Kirche, die eine Veränderung in der Architektur mit sich brachte, und so auch eine Veränderung in der grundlegenden Harmonie sozialen Lebens auslöste. Musik, Zahlen, Farben, Alphabete und Kalender hatten immer in Zusammenhängen gestanden, die, wenn sie verstanden wurden, den Sinn des Lebens enthüllten und dem Suchenden Kraft zur Einflußnahme geben konnten. Christliche Verherrlichung des Leidens und des Kampfes gegen das Ungeheuer führte die Ideologie der Unterdrückung der Frauen fort. In dieser Zeit nahm die Kenntnis der Runen ab, und der Wunsch zu versöhnen wurde langsam vom Glauben an die notwendige Aufopferung verdrängt.

Die Renaissance und die Geburt der modernen Wissenschaft waren ein schwerwiegender Rückschlag für das okkulte Wissen. Studenten der westlichen Überlieferungen erhalten erst jetzt, mit dem Beginn des Wassermann-Zeitalters, angemessene Unterstützung für ihre Forschungen, um verschüttetes Wissen aus 600 Jahren von absichtlicher Verdrängung, Nichtbeachtung und Mißverständnissen zu befreien. Einer der jüngsten Versuche, westliche okkulte Traditionen wiederzubeleben, wurde vom „Orden des Goldenen Morgens" („Order of the Golden Dawn") unternommen. Ursprünglich ein geschlossener Orden, der sich der Lehre von Hermes, Thoth oder Merkur verschrieben hatte, wurde diese Gruppe gegen Ende des 19. Jahrhunderts von der Politik Deutschlands und den sexuellen Besessenheiten der damaligen Zeit beeinflußt.

Der Orden verehrte Göttinnen und akzeptierte Frauen als Mitglieder. Er wurde 1888 gegründet und hatte starke Verbindungen zu den Freimaurern, Rosenkreuzern und Theosophen. Die Mitglieder des Goldenen Morgens studierten gemeinsam, hatten Rituale wie andere okkulte Gruppen in Europa und Amerika, die sie in ihrer Entwicklung mitbeeinflußten. Es verband sie ein lebhaftes Interesse an der Kabbala, an der sich die meiste okkultistische Arbeit, einschließlich der vieler Feministinnen, orientiert, ungeachtet des patriarchalischen Vorurteils. Mindestens drei männliche Mitglieder des Ordens publizierten Tarotdecks, die alle von Künstlerinnen entworfen wurden. Durch persönliche Zerwürfnisse und internationale Machtkämpfe wurde die Gruppierung zerstört und gab ihre Abgeschlossenheit schließlich ganz auf, um in die sicheren Grenzen der christlichen Kirche zurückzukehren, nachdem sie 1903 ihren Namen in „Heiliger Orden des Goldenen Morgens" geändert hatte. Ab da nahm ihr Einfluß ab und 1914 löste sie sich auf. Zu ihren Mitgliedern hatten u. a. gehört: S. L. M. Mathers, Aleister Crowley, Florence Farr, W. B. Yeats, Paul Foster Case, A. E. Waite, Maud Gonne, Papus (Gérard Encausse) und W. Wynn Westcott.

Dion Fortune hat viel getan, um ein kontinuierliches Interesse an okkultistischer Forschung anzuregen, und viele Feministinnen studieren heute ihr Werk oder das von Aleister Crowley. Den letzteren finde ich äußerst verdächtig, denn

Crowley war ein bekannter Frauenfeind, der sich der Sexualmagie verschrieben hatte. Er veränderte die Karte der „Kraft“ im Tarot in „Lust“ und glorifizierte Frauen nur in der Eigenschaft als heilige Hure. Obwohl wir als Feministinnen den Wunsch und die Notwendigkeit von sinnlicher Erfahrung erkennen, bezweifle ich die Weisheit derartig einseitiger Betrachtungsweise. Crowley empfahl auch den Gebrauch von Drogen für den unmittelbaren Zugang zu mystischem Wissen, ein Weg, der meiner Ansicht nach eher in die Irre führen und gefährlicher sein kann, als einer auf der Basis geduldiger Praxis und Selbstdisziplin. Dion Fortune, die früher Psychologin war und Violet Firth hieß, akzeptiert die Notwendigkeit der Heterosexualität und glaubt an die vorrangige Aufgabe der Frauen, „kultivierend“ auf die Männer einzuwirken. Sie hat viele Bücher geschrieben, die eine gute Einführung in die Esoterik geben.

Auch Frauen aus der Theosophischen Gesellschaft, vor allem ihre Gründerin Helena Petrovna Blavatsky, aber auch Annie Besant und spätere Theosophinnen wie Vera Stanley Alder, haben Bücher geschrieben, die allen Interessierten Möglichkeiten bieten, sich mit dem Okkultismus näher zu beschäftigen. Ich halte diese Auseinandersetzung mit diesem verborgenen Wissen für all jene von uns für wichtig, die für die Herausforderungen des späten 20. Jahrhunderts gewappnet sein möchten.

Wurzeln des Tarot

Im Jahr 1392 zeichnete wahrscheinlich Jacquemin Gringonneur ein Kartendeck für Karl V. von Frankreich – seit dieser Zeit sind Tarotkarten in Westeuropa bekannt. Siebzehn dieser alten Karten befinden sich in den Archiven der Nationalbibliothek in Paris. Italienische Tarotkarten gibt es seit 1441 (Alfred Douglas meint, seit 1415), als Bonafacio Bembo für den Herzog von Mailand das Visconti-Sforza-Deck entwarf, anläßlich des Jahrestages der Hochzeit des Herzogs mit

Bianca Maria Visconti. Man vermutet, daß diese Künstler ihre Symbole und Bilder von alten, heute verschollenen Quellen übernahmen. Die frühesten Publikationen, in denen die Karten der Großen Arkana des Tarot erwähnt werden, sind eine lateinische Beschreibung von 1480 oder 1587, eine Beschreibung in Graf Maria Boiardos Werk „Tette le opere" und ein italienischer Hinweis von 1526 auf das „tarocchi-Spiel". Die Bilder der großen Arkana, so wie wir sie heute kennen, wurden ab 1748 von dem als Marseiller oder klassisches Tarot bekannten Kartendeck übernommen.

Über den Ursprung des Tarot gibt es viele Theorien. Eine der bekanntesten besagt, daß die Karten ägyptischen Ursprungs seien und die ältesten Hieroglyphen aus dem Buche Thoth darstellen, das in Ägypten zur Zeit der Zerstörung von Atlantis aufbewahrt wurde. Antoine Court de Gebelin, ein protestantischer Pastor, Freimaurer und überzeugter Anhänger des Hypnotiseurs Mesmer, hat die „ägyptische Hypothese" aufgestellt, derzufolge die Trümpfe oder Karten der Großen Arkana symbolische Darstellungen des Weltengebäudes sind. In anderen Werken wurde diese Hypothese mit Geschichten über Bilder und Schnitzereien in den Pyramiden und anderen ägyptischen Tempeln ergänzt; diese Geschichten wurden von unzähligen okkultistischen Schriftstellern wiederholt und weit verbreitet. Zu den Anhängern der Theorie von de Gebelin gehört auch P. D. Ouspensky, ein Schüler des russischen Mystikers Gurdjieff, der nicht daran zweifelte, daß das Tarot „der vollständigste Schlüssel zum hermetischen Symbolismus ist, den wir besitzen". Dr. Gérard Encausse, ein junger Franzose, der unter dem Pseudonym Papus über Okkultismus schrieb, verstand das Tarot als ein Buch ursprünglicher Offenbarungen. In seinem Werk „Das Tarot der Zigeuner" legt er seine Überzeugung dar, daß das Kartenspiel die Zusammenfassung aller Lehren der Antike sei. In dieser Interpretation wurde das Tarot von den Zigeunern – denen Papus großen Respekt entgegenbrachte – vor dem Vergessen bewahrt. Unglücklicherweise ist das für viele schwer nachzuvollziehen, denn es wurde nachgewiesen, daß der Zug der Zigeuner nicht von Ägypten kam, sondern nach allgemeiner Auffassung aus Indien. Von dort brachen sie in Richtung Westen auf, als sie zu Beginn des 15. Jahrhunderts von Timur Lenk, dem islamischen Eroberer weiter Teile Mittelasiens, vertrieben wurden. Obwohl es möglich ist, daß das Tarot mit den Zigeunern in den Westen kam, ist es doch wahrscheinlicher, daß die Karten in Europa schon bekannt waren, bevor die Zigeuner selbst begannen, sie zu benutzen.

Eine andere, sehr populäre Theorie über die Tarotkarten besagt, sie seien die symbolische Darstellung des Lebensbaumes und beinhalteten die Geheimnisse der Kabbala. Eliphas Levi, oder „Abt Alphonso Louis Constant", wie er „privat" genannt wurde, schrieb 1856 (nach anderen Quellen 1861) ein Buch mit dem Titel „Lehre und Ritual transzendentaler Magie". In diesem Buch zeigte Levi die Verbindung des Tarot – das seiner Deutung nach die Rätsel der Sphinx enthüllte – zur Kabbala auf. Er stellte den Zusammenhang zwischen den 22 Buchstaben des hebräischen Alphabets und den 22 Karten der Großen Arkana her – danach wird auch heute schon oft vorgegangen. Andere, die die jüdische Tradition zugrundelegen, sehen das Tarot als Thora in synthetischer Form. Die Methode der kabbalistischen Tarotinterpretation wurde nicht nur von Levi angewandt, sondern auch von Paul Christian, Oswald Wirth, Papus, C. C. Zain, McGregor Mathers, A. E. Waite, Aleister Crowley, Paul Foster Case, Dion Fortune und Sally Gearhart und Susan Rennie; die letztgenannten sind Autorinnen des „Tarot der Frauen".

In einigen Darstellungen, darunter auch feministischen Interpretationen des Tarot, wird ein vorpatriarchalischer, heidnischer Ursprung der Karten angenommen. Diese Autoren behaupten, daß mit der fortschreitenden Unterdrückung des alten Wissens – erst wurden Bibliotheken, später Frauen verbrannt – die Geheimnisse in Symbolen verschlüsselt und auf Karten gemalt wurde, um den Glauben in einer Form lebendig zu erhalten, die anderen gezeigt werden konnte. Z. Budapest, eine ungarische feministische Hexe aus Kalifornien, erzählt eine Geschichte von ihrer Mutter, nach der die Karten vor ca. 4000 Jahren auf einem internationalen Treffen in Alexandria entstanden. In einer anderen Version dieser Geschichte, die um 1920 Paul Foster Case weitergegeben hat, hat diese Konferenz um 1200 n. Chr. in Fez stattgefunden. Da Fez das geistige Zentrum des Islam ist, hat diese Geschichte nach meiner Meinung vor allem die Funktion, die Bedeutung des Tarot in der moslemischen Welt hervorzuheben. Aus meiner persönlichen Erfahrung – da ich in Fez für Marokkaner das Tarot gelegt habe – kann ich das bestätigen, denn obwohl die gebräuchlichen („originalen") Bilddarstellungen europäisch sind, sind ihre spirituellen Aussagen auch für diejenigen zugänglich, die ihre Wurzeln in der arabischen Welt haben.

Ich meine, daß all diese verschiedenen Ansichten über den Ursprung der Tarotkarten zeigen, daß das Tarot für jede beliebige Deutung offen ist, und daß das Deck alle möglichen eigenen Überzeugungen wiedergeben kann. Wenn sich jemand bei genauen Voraussagen aus der Botschaft der Karten irrt, so liegt das am Verlust psychischer Kräfte und spirituellen Wissens in der ganzen Welt im Verlauf der letzten tausend Jahre. Da der Vorgang der Verdunkelung zu einem System geheimer Symbole führte – Verschlüsselungen, um die Wissenden vor Verfolgung zu schützen –, ist daraus eine zweischneidige Angelegenheit geworden. Denn im Lauf der Zeit haben sogar die in die Bewahrung der Geheimnisse Eingeweihten deren wahre Bedeutung vergessen, und heute kann nur eine Wiederbelebung unseres tiefsten Bewußtseins sie von neuem erschließen. Ich glaube, daß das Tarot eine mündliche Überlieferung aus Zeiten wiedergibt, in denen Frauen mit magischen Kräften noch geachtet wurden – heute berufen sich Frauen darauf, die im Zeitalter des Wassermanns zur weiblichen Gottheit zurückkehren. Das Tarot ist eine Erinnerungshilfe, die, richtig eingesetzt, zu spiritueller Erneuerung führen kann.

Heute erhältliche Kartendecks

Es sind heute sehr viele Kartendecks erhältlich, und die meisten sind entweder dem klassischen Tarot nachempfunden oder dem von Pamela Coleman Smith gestalteten, das sie unter Anleitung von A. E. Waite für den Golden Dawn entworfen hat, und das von ihm 1911 herausgegeben wurde; heute wird es von Rider vertrieben. Das Klassische Tarot legte die Standardbilder für die Große Arkana fest und stellt die Kleine Arkana durch die zugehörige Ziffer des Symbolelements dar, ohne zusätzliche Bilder. Dies ist die übliche okkultistische Vorgehensweise, die die eigenen Eindrücke beim Legen der Karten unbeeinflußt läßt von den Vorstellungen eines anderen Interpreten. Zu den Decks dieser Konzeption gehören das Tarot von Marseille, das spanische Tarot, das italienische Madonni-Tarot, das Schweizer I. J. J.-Tarot und das Ägyptische Tarot. Auch die Karten der Kleinen Arkana im Deck von Oswald Wirth vom Golden Dawn sind nicht detaillierter ausgearbeitet. Richard Gardner, der in heutigen heidnischen Kultgruppen sehr bekannt ist, folgt diesem Weg – wie auch das moderne Hexentarot. Das neue Tarot fügt den Zahlenkarten noch geometrische Muster hinzu. Das Grand Eteilla Tarot, das auf dem ägyptischen Zigeunertarot beruht, hat schmucklose Karten für die Kleine Arkana und dazu den Vorteil, noch vor den Zeiten des Golden Dawn entstanden zu sein. Obwohl Bill Butler meint, die Bilder dieses Decks hätten „nur wenig Bezug zum Standarddeck", finde ich, daß alle sonst üblichen Karten der Großen Arkana vorhanden sind, außerdem fehlt bei etlichen erfreulicherweise die patriarchalische Tendenz.

Pamela Coleman Smith war eine Künstlerin mit einer sehr starken geistigen Vorstellungskraft. Das von ihr entworfene Kartendeck, das auf spärlicher Grundlage die „originalen" Tarotbilder zeigen soll, stützt sich bei der Großen Arkana auf die wichtigsten Spiele des 15. Jahrhunderts und auf spätere aus Marseille. Das Kleine Arkanum zeigt auch intuitiv empfangene Bilder. Von diesen Illustrationen wurden viele Inter-

Abb. 1: Große Arkana – Die Älteste

pretationen beeinflußt, und in vielen Kartendecks wurde Pamela Coleman Smiths Bildsprache mit geringen Änderungen übernommen, so u. a. im königlichen marokkanischen Tarot von Fez, im mexikanischen Tarot, im Wassermann-Tarot und im Morgan-Greer-Tarot. Die beiden letztgenannten wurden tatsächlich von Männern entworfen, was früher recht ungewöhnlich war. Das B.O.T.A.-Tarot (Builders of the Adytum) wurde von Jessie Burns Parke für Paul Foster Case gezeichnet, der einen amerikanischen Zweig des Golden Dawn gründete; in diesem Spiel ist es möglich, die Karten selbst farbig auszumalen, obwohl es sich nur wenig von Smiths Entwürfen unterscheidet.

Ein Deck, das in früheren Jahren weit verbreitet war, ist das von Aleister Crowley, das Frieda Harris entworfen hat.

Über Crowley habe ich bereits an anderer Stelle einiges gesagt. Seine Karten sind sehr groß, mit vielen bunten und oft abstrakten Bildern. Für das geschulte Auge sind diese Karten überfrachtet, und durch die überzogene Verwendung von Symbolen zerstreuen sie die Energie mehr als daß sie sie konzentrieren. Crowleys System beruht auf einer Offenbarung, die er in Ägypten erlebte, als er seine Devise „Handle, wie du es möchtest – das soll das ganze Gesetz sein" aussprach. Als mächtiger Mann und einflußreicher Okkultist, der Crowley war, konnte sein Satz bei vielen das alte Gesetz verdrängen, das besagt: „Handle, wie du es möchtest und schade niemandem."

In Amerika wurde ein neues feministisches Tarotdeck von Billie Potts gezeichnet, die, wie ihre Illustrationen und einige Interpretationen deutlich machen, in Crowleys System ausgebildet war. Dieses Deck läßt der Benützerin Raum für Eigenes und bietet für einige Karten verschiedene Versionen an. Als erster Versuch, das Tarot in unserem Sinne visuell neu zu bearbeiten, war das Neue Frauen-Tarot für viele von uns eine Inspiration.

Ein anderes Tarotdeck, das vor einiger Zeit aus Amerika herüberkam, ist das Dakini-Tarot. Diese Karten sind in San Francisco entstanden und zeigen nicht die übliche Bedeutung, obwohl die Autoren in ihrem Begleitheft für diejenigen die Entsprechungen anführen, die sie kennenlernen möchten. Dieses Kartendeck bezieht sich auf viele Fragen unserer Gesellschaft, es ist humorvoll, optimistisch und sehr farbig. Wer sich von Crowleys Karten angezogen fühlt, aber den Bann seiner besonderen Magie vermeiden möchte, kann das Dakini-Deck genauso befriedigend finden.

Ein weiteres ungewöhnliches Deck ist das Sybillinische Tarot, ein Satz von 52 Karten, deren jede einen besonderen Aspekt der Persönlichkeit darstellt. Diese Karten beruhen auf den Orakeln der römischen Sybillen und sind ein Überbleibsel der Sybillinischen Bücher, die in Krisenzeiten von römischen Priestern befragt wurden. Das Kartendeck wird heute nicht mehr oft benutzt.

In den Tarotdecks sind traditionellerweise nur die Großen

Arkana und die Hofkarten illustriert, die anderen, niedrigen Karten zeigen nur die Zahl des entsprechenden Elements. Solche Decks fördern eine klarere psychische Aufnahme, denn die Intuition wird nicht beeinflußt oder „geführt“ durch andere Eindrücke, die in einer bestimmten Situation und Zeit festgehalten wurden. Sogar die Bilder der Hofkarten können das Verständnis für die Persönlichkeit eines Klienten erschweren. Und die wiederholte Verwendung von spezifischen Bildern verankert diese sowohl im persönlichen wie auch im kollektiven Unbewußtsein; nach und nach wird so die psychische Vision auf vorbestimmte Kanäle eingeengt. Daher fühlte ich mich angeregt, einige Beispiele aus einer großen Anzahl von Decks herauszustellen, um so dazu beizutragen, daß sich unser Bewußtsein in Bezug auf das Tarot von vorgefertigten Antworten frei macht; denn ich glaube, daß wir angesichts des beginnenden Wassermann-Zeitalters sogar unsere eigenen Archetypen neu überdenken müssen. Sehr gern würde ich in Ergänzung zu diesem Buch ein passendes Tarotdeck entwickeln, und ich würde mich über Entwürfe von Frauen freuen, die daran mitarbeiten möchten.

Unsere Kräfte entwickeln

Warum sich mit dem Tarot auseinandersetzen? Auch wenn Sie sich zu diesem Buch hingezogen gefühlt haben, könnte es sein, daß Sie sich nicht über den Grund Ihres Interesses für die Tarotkarten im klaren sind oder auch über die Energie, die sie ausstrahlen und die uns befähigt, das Leben bewußter zu sehen.

In diesem Buch über Tarot möchte ich die Bedeutung der Karten für Frauen darlegen, ohne dabei mystisch zu klingen. Ich glaube an die Kraft aller Arten von Frauen (women, wimmin, womyn, wimin, womben – Anm. d. Ü.) und an die schöpferische Kraft unseres Glaubens aneinander. Das solare Patriarchat fällt zusammen, und die Dürftigkeit maskuliner

Philosophie wird angegriffen. Wir befinden uns in einer Zeit der Veränderung. Die Karten können uns helfen, unseren Weg mitten in der Verwirrung und Angst zu finden, die in unserer Kultur überhandnehmen.

Ich glaube, daß das Tarot vor allem deshalb für ♀ nützlich ist, weil wir lernen, unsere psychischen Kräfte zu entdecken und zu entwickeln, und dabei können die Karten uns helfen. Energie manifestiert sich in der Form. Form existiert durch Zeit und kreiert Muster. Miteinander verbundene Muster erzeugen Rhythmus. Rhythmen sind die Harmonie des Kosmos. Alles Seiende vibriert und drückt so seine Energie aus. Energetische Vibrationen von jedem Moment des Daseins beeinflussen die Zukunft. Durch die Formen, die die Energie geschaffen hat, können wir zukünftige Muster erkennen – wie bei der Abfolge der Karten beim Legen des Tarot. Diese vormateriellen oder ätherischen Muster können verändert werden, bevor sie festgelegt sind. Das Wissen um mögliche oder wahrscheinliche Begebenheiten – wenn bestehende Trends sich weiterentwickeln dürfen – ist die Voraussicht, die uns zur adäquaten Planung für unsere Bedürfnisse befähigt. Wie der Kahuna-Zauber von Hawaii lehrt: je häufiger ein Energiefeld benutzt wird, desto stärker wird es. Unsere Absichten für die Zukunft bewirken, daß es sich öffnet. Darum ist es wichtig, daß wir unsere Energie nur auf das verwenden, das wir als Teil unserer selbstgeschaffenen Zukunft dabeihaben möchten. Auf der Basis dieser Einsicht integrieren wir Menschen und Natur, Erde und Himmel, Raum und Zeit, Aufnahmefähigkeit und Kreativität. Diese Vision ist eine völlig neue Qualität von Leben.

Das Reich der Intuition ist uns nie ganz genommen worden, und es kann uns auch nie ganz verschlossen werden, aber als Ergebnis all der Jahre, in denen uns das Patriarchat stumm und eingesperrt gehalten hat, haben wir unsere wahre Beziehung zu unserer hellseherischen Kraft verloren. In den Ritualen, Tänzen und der Musik der Frauen berühren wir unsere Kraft und erhalten genügend Unterstützung, um die Zeichen zu deuten und die Bedeutung der Omen zu erkennen. Meditation ist eine andere Möglichkeit, um uns mit unserer psychischen Kraft einzustimmen, in Einklang zu bringen, um die Intuition zu lösen und mit der eigenen Stimme in Berührung zu kommen. Ich meditiere am liebsten im Sitzen, denn für mich ist Stille ein Zustand, den ich versuche zu finden. Andere versuchen, durch tägliches Joggen zu meditieren, oder indem sie Tai Chi machen, Flöte oder Trommel spielen. Wie auch immer – die Einstimmung auf sich selbst wird Ihre alchemistische Stärke vergrößern. Neue Ideen sind mit den Kanälen verbunden, die wir in uns selbst öffnen und auch die Zeit, die wir dafür aufwenden, ist an sich schon viel wert. Auf diese Weise eine andere Dimension zu erforschen, hat andere Auswirkungen auf unser Leben. Wir lernen leichter den Wert von Selbstdisziplin und der Entwicklung eigener Fähigkeiten zu schätzen – Psychologen und die Anhänger des New Age nennen das „persönliches Wachstum". Unser Leben wird dadurch effektiver – und darauf sind gerade Frauen sehr erpicht. Neue Stärken zu entwickeln trägt auch dazu bei, unsere Zielstrebigkeit zu fördern – die brauchen wir, um Eintönigkeit und Depressionen zu bekämpfen. Die Karten helfen uns auch, Bereiche in unserem Leben zu erkennen, auf die wir uns konzentrieren müssen.

Wenn wir hier aufhören, treffen wir auf – wie ich es immer wieder nenne – die Gefahr von zu großem Geltungsbedürfnis, eine Schwäche, die sowohl in der Frauenbewegung als auch im Rest der Gesellschaft anzutreffen ist. Denn persönliche Kraft erhöht nicht unbedingt die Lebensqualität – solange wir nicht unsere soziale Umgebung verändern, können wir nur hoffen, immer besser mit irgendwelchem Mist fertig zu werden oder chemischen Dreck geschickter zu verarbeiten. Wir verstehen die verborgenere Botschaft der Karten, wenn wir versuchen, den Glauben zu finden – ein bleibendes Vertrauen in das lebenserhaltende Universum und ein persönliches Bekenntnis, alles Lebendige dieser Erde zu unterstützen. Hier trifft die Politik auf die Spiritualität, und die Werte der Frauen gehen in einen politischen Zusammenhang ein. Wir können nicht länger abstreiten, daß wir dabei sind, eine ethische Moral zu artikulieren, und unser Erfolg oder Nichterfolg wird die Zukunft bestimmen. Wir haben es nicht leicht, aber wird sind dabei, und ich glaube, daß wir so wachsam, verantwortungsbewußt und mutig wie nur möglich sein müssen. Für mich bedeutet das Bewahren eines dauerhaften Bewußtseins über das Wesen der Göttin eine nie versiegende Quelle der Kraft.

Viele Frauen fragen, warum wir uns darum bemühen sollen, das Tarot zu studieren. Einige meinen, wir bräuchten diese Auseinandersetzung nicht, da wir alles, was wir wissen müssen, intuitiv wissen. Andere finden das Tarot unwissenschaftlich und unlogisch und halten es daher für Zeitverschwendung. Und wieder andere Frauen halten Tarot und ähnliches für abergläubische Einbildungen, und ihre Angst vor psychischer Kraft hält sie davon ab. Andere Frauen, die sich der spirituellen Lebensreise bewußt sind und selbst einem Weg folgen, halten die Verwendung von Tarotkarten für unwürdig.

In der Welt von heute gibt es ein immenses spirituelles Bedürfnis. Der Planet selbst erlebt eine Krise, die darüber entscheiden wird, ob Gaea und – mit ihr – ihre Kinder überleben können. Der Feminismus erkennt jetzt den spirituellen Aspekt unsere Befreiungskampfes, und die Wiederkehr der Göttin in die Welt und in unser tägliches Leben ist ein fester Bestandteil bei dem Versuch, die Freiheit zu erringen.

Das Patriarchat hat der dreigeteilten Gottheit gestattet, in einigen Ecken zu überleben – bei Heiden und Zauberern, bewacht von einem Hexenmeister oder Magier, die Frau wird dabei immer als Liebende oder Mutter verherrlicht, immer erreichbar und bereit, zu geben. Die vielfältige Gottheit, die das Kind und den Zerstörer ebenso miteinschließt wie das Mädchen und das alte Weib, ist ganz verschwunden. Obwohl unsere Intuition uns viel vermitteln kann, ist unsere Vorbildung doch so gründlich, daß unsere „natürlichen Instinkte" entstellt sind und in die klarere Atmosphäre eines esoterischen Wissens eingebracht werden müssen. Zuviel davon kann verunsichern und verwirren; ein Beginn mit etwas Leichtigkeit bringt eine Verfeinerung unserer Wahrnehmung. Diejenigen, die die Kraft von psychischer Energie abstreiten und an der Wissenschaft hängen, verwechseln Verstand und Logik. Der Verstand ist eine unserer angeborenen geistigen Fähigkeiten; Logik ist die teilweise sture und dogmatische Struktur, in die der Verstand durch das Patriarchat gepreßt wurde. Die linear fortschreitende Entwicklung, die von den Anhängern des männlichen Prinzips so sehr unterstützt wird, wird von denen ausgeschaltet, die Einheit suchen. Aber Leichtigkeit, „Luft“, muß mit den anderen Elementen abgeklärt und angereichert werden.

Psychische Kraft ist sehr stark, und Frauen sollten sich ihr mit Respekt nähern. Da unsere Stärke so lange abgestritten, unterdrückt und behindert wurde, können wir anfangs leicht versucht sein, bei der Schulung unsere Magie zu übertreiben. Und da unsere Wasser-Kraft so lange überflutet, unser Feuer und unsere Luft verleugnet, und unsere erdbezogene Ausdrucksweise durch die soziale Konvention der Häuslichkeit in der Kleinfamilie beschränkt war, können wir leicht ängstlich und abergläubisch werden. Eine spirituelle Bindung kann dabei helfen, einerseits den notwendigen Glauben zu entwikkeln, um die Angst zu besiegen und andererseits die Disziplin, die wir brauchen, um nicht abergläubisch zu werden. Der sicherste Weg, um die patriarchalische Ausbeutung unserer eigenen Energien zu verhindern, ist die Konzentration der psychischen Kräfte in einem geistigen Bekenntnis für die vierfältige Göttin. Ich selbst wie auch eine zunehmende Zahl von Frauen (womyn) leben mit der Göttin durch die Dianische Kunst. Diejenigen, die heidnisches Leben unwürdig finden und die heilende und prophetische Kraft der Hexen verachten, weisen die normalen Bedürfnisse der meisten Menschen zurück. Nicht jede kann mehrere Stunden täglich meditieren, aber für alle ist es möglich, ein spirituelles Bewußtsein zu entwickeln. Es ist selten, daß eine Sitzung etwas offenlegt, das die Klientin nicht bereits gewußt hat. Die Bestätigung ihrer Wahrnehmung dessen, was sich in ihrem Leben ereignet, und die Betonung bestimmter Aspekte ist die Hilfe für sie, um mit neuer Zielstrebigkeit weiterzugehen. Was wie märchenartige Wahrsagerei aus dem Elfenbeinturm heraus klingt, kann normalen Frauen die Gelegenheit geben, ihre innere Stimme in dem Getöse deutlicher zu vernehmen und ihr geschäftiges Leben gründlich durcheinanderbringen.

Tarot ist ein Werkzeug, um das Muster und den Rhythmus unserer individuellen und kollektiven geistigen Entwicklung besser zu sehen. Die Auseinandersetzung mit den Symbolen des Tarot wird Ihre Wahrnehmungsfähigkeit erhöhen – für Formen, Zahlen, Astrologie, die Elemente, die Jahreszeiten, Muster, die Realität von Raum und Zeit. Dieses Bewußtsein macht uns sowohl materiell wie auch verstandesmäßig und geistig stärker, und es kann uns helfen, unseren Willen zu konzentrieren. Unsere Kraft wird uns befreien. Wir sind dabei, wirkliche Grenzen kennenzulernen und immer weiterzugeben – zu der notwendigen grundlegenden Veränderung, um ♀ ♀ ♀ zu befreien und das Leben auf der Erde retten.

Kapitel II

Wie wird eine Sitzung durchgeführt?

Eine Legetechnik auswählen

Es ist einleuchtend, daß es sehr wichtig ist, welche Legetechnik Sie bei jeder Sitzung, die Sie durchführen, auswählen. Denn nur durch das passend gewählte Spiel erhalten Sie einerseits die Information, nach der die Klientin sucht, und können ihr andererseits die für sie notwendige Unterstützung anbieten, um ihre Probleme zu lösen, einen Sinn in ihrem Leben zu finden, ihre Kraft zu erkennen und Freude zu erleben. Zuallererst muß festgelegt werden, wie oft die Klientin während einer Sitzung die Karten gelegt haben möchte. Wenn Sie Geld für Ihre Arbeit nehmen oder etwas tauschen wollen, müssen Sie diese Fragen vollständig klären, bevor Sie mit der psychischen Arbeit beginnen.

Wenn die Klientin von einer bestimmten Schwierigkeit geplagt wird, ist es am besten, eine Frage zu stellen. Finden Sie gemeinsam mit der Klientin ihre Verunsicherung heraus, indem Sie sie dazu bringen, so genau wie möglich das darzustellen, was sie weiß. „Entweder-oder"-Fragen sind für Tarotsitzungen nicht besonders gut geeignet, am besten sind Fragen mit „Was wird sein, wenn …?" für das Spiel mit den Karten. Wenn die Frage sehr einfach ist und nur ein oder zwei Basisaussagen enthält – eine Ja-oder-Nein-Frage wie „Werde ich im Lotto gewinnen?", „Soll ich am Donnerstag zur Uni gehen?" –, dann ist das Spiel mit sieben Karten am geeignetsten.

Wenn die Angelegenheit etwas komplexer ist – „Wird meine Beziehung ihre momentanen Schwierigkeiten überstehen?“, „Was wird passieren, wenn ich mir eine andere Arbeit suche?“ –, dann ist es am besten, das Sonnenkreuz zu legen. Helfen Sie der Klientin, zum Kern des Problems vorzudringen, indem Sie bei den einzelnen Worten, die sie zur Formulierung ihrer Frage benutzt, immer wieder nachfragen: „Was meinen Sie mit ›X‹?“ Sie muß die Frage zu ihrem eigenen Leben und ihren Aktivitäten stellen, da Sie für sie die Karten legen. Wenn sie bei ihrem zentralen Problem angekommen ist und ihre Frage gestellt hat, fordern Sie sie auf, sich darauf zu konzentrieren, während Sie die Karten vorbereiten.

Wenn Sie für andere die Karten legen, begeben Sie sich auf das Gebiet des Wahrsagens und sollten sich gut bei den einschlägigen Gesetzen auskennen, vor allem bei denen zu Landstreichern und Betrugsdelikten. Sie müssen sich auch darüber im klaren sein, daß es sehr schwierig ist, zukünftige Ereignisse genau vorauszusagen, sogar, wenn Sie hellseherische Fähigkeiten haben. Das liegt an unserem begrenzten und sehr eingeschränkten Verständnis der Wirklichkeit. Eine weitere Gefahr beim Kartenlegen besteht darin, daß es eine Möglichkeit schafft, im Privatleben der Klientin herumzuschnüffeln, was der Kartenlegerin ziemlich viel Macht verleiht. Die meisten von uns sind noch nicht in der Lage, mit solcher Macht bedacht genug umzugehen, und deshalb ist es am besten, die Klientin die Frage selbst formulieren zu lassen – wenn sie kann, still für sich.

Wenn die Klientin kein spezielles Problem zu lösen hat, wird sie eine Legetechnik anwenden wollen, die sie selbst charakterisiert oder eine längere Zeitspanne ihres Lebens beschreibt. Die Spiele, die normalerweise für die Charakterisierung benutzt werden, sind das Zigeunerspiel mit 18 Karten, das Mondkreuz und das Hufeisen-Spiel. Das Hufeisen-Spiel ist ein typisches „Wahrsage“-Spiel, das einen ziemlich oberflächlichen Blick auf die Klientin, ihre Situation und ihre Zukunft gibt. Das Zigeunerspiel mit 18 Karten ist für ernsthafter Fragende, die ein gründliches Verständnis ihrer Energien und ihrer Entwicklungsmöglichkeiten suchen. Das

Mondkreuz ermöglicht einen Einblick in das mystische Leben der Klientin und ihre möglichen Erfahrungen mit Offenbarungen. Diese Methode und das Zigeunerspiel bieten beide die Gelegenheit zu einem Blick auf das frühere Leben der Klientin. Wenn Sie die erste Sitzung einer umfassenderen Beratung durchführen, ist das Zigeunerspiel für den Anfang das beste. Es ist auch eine sehr gute Technik, wenn die Klientin von Ihnen das erste Mal in ihrem Leben die Tarotkarten gelegt bekommt.

Bei psychischer Arbeit ist es immer schwierig, präzise Zeitvorstellungen zu nennen, aber Menschen, die die Karten befragen, sind immer sehr daran interessiert, etwas über die Zukunft zu erfahren. Es gibt vier Legetechniken, mit denen das möglich ist; die wichtigste davon ist das Tierkreiszeichen-Spiel, mit dem ein Überblick über das kommende Jahr möglich ist. Dieses Spiel ist gut zur Anwendung an bestimmten Festtagen geeignet. Die hilfreichste Technik ist meiner Meinung nach der Steinkreis; damit ist es möglich, die Gegenwart sehr genau zu betrachten. Abhängig von den Kräften, die im Leben der Klientin wirksam sind, kann das jeden Zeitraum zwischen vierzehn Tagen und einem halben Jahr bedeuten, gewöhnlich werden dabei Veränderungen angezeigt, die sich in den folgenden drei Monaten im persönlichen und sozialen Leben der Klientin ergeben werden. Wenn die Klientin sich regelmäßig die Karten legen läßt, ist dies das sinnvollste Spiel. Für eine gelegentliche Sitzung ist jedes der Pyramidenspiele geeignet, sie beziehen sich jeweils auf die nächsten Jahre.

Ihre Auswahl des passenden Spiels wird von den Bedürfnissen der Klientin abhängig sein und von Ihrem sicheren Gefühl für die Situation. Entscheiden Sie sich für eine Legetechnik, bevor Sie mit dem Mischen der Karten fertig sind, damit die Karten genügend Zeit haben, sich in die notwendige Ordnung zu bringen, um ihre Botschaft mitteilen zu können.

Vorbereitung der Karten

Wenn Sie die Karten das erste Mal aus ihrer Schutzhülle nehmen, werden sie kalt sein und auf die Energien dieses Moments nicht antworten. Wenn Sie eine Sitzung mit einem kalten Kartendeck durchführen, werden die Karten wahrscheinlich nicht auf die Feinheiten in der Situation der Klientin eingehen können oder vielleicht sogar von völlig anderen Dingen sprechen. Deshalb bereiten Sie Ihr Kartendeck immer vor, schieben Sie es durcheinander und mischen Sie die Karten, bis Sie das Gefühl haben, daß sie „wach" und auf Sie und Ihre Umgebung eingestimmt sind. Das ist auch eine Gelegenheit für Sie, sich auf die Karten zu konzentrieren und sich selbst ebenfalls vorzubereiten. Wie häufig Sie die Karten durchmischen, hängt von Ihrer Einschätzung der Energien ab, die die Klientin einbringt, und ist eine völlig intuitive Angelegenheit.

Auf welche Art und Weise die Karten gemischt werden, ist eine eigene, persönliche Entscheidung. Ich mische mit zwei Händen gleichzeitig. Ich teile die Karten und halte eine Hälfte des Decks in jeder Hand, so, daß meine Hand die Karten der Länge nach bedeckt. Ich lege meinen Daumen auf ein Ende und drei Finger an das andere, mein Zeigefinger liegt dabei etwas abgebogen auf der Mitte der oberen Karten. Mit meinem Daumen hebe ich die Vorderkante des Kartendecks, drücke meinen Zeigefinger herunter. Dann lasse ich immer gleichzeitig einige Karten mit dem Daumen los, lasse sie fallen und mische mit einer schwungvollen Bewegung die einander gegenüberliegenden Ecken der Decks. Dann, während ich die so gemischten Ecken noch mit meinen Daumen festhalte, hebe ich meinen Zeigefinger, hebe die Karten hoch und biege sie, indem ich sie hinunter- und mit meinen Fingern leicht durchdrücke, so daß die Karten einen Bogen formen. Die untersten Karten lasse ich los, lockere meine Finger so weit, daß die anderen Karten fallen und bringe sie so wieder auf einen Haufen.

Bei dieser Art zu mischen ist nur die Rückseite der Karten

zu sehen. Manche Leute verbinden dieses Mischen mit Glücksspiel und sind der Meinung, es sei nicht in Ordnung, mit Tarotkarten so umzugehen. Mir persönlich hilft dieses Mischen dabei, die Energie innerhalb des Kartendecks zu halten und zu verhindern, daß sie sich zerstreut oder entzogen wird. Beim Mischen in der sonst eher üblichen Weise – in einer Hand einige Karten, die frau seitwärts in den Rest des Decks fallen läßt, das sie lose in der anderen Hand hält – kommen alle Bilder nacheinander in den unbekannten offenen Raum zwischen Ihnen und der Klientin. Wenn Sie auf diese Art und Weise mischen, ist es notwendig, die Karten mit einem schützenden Lichtkreis zu umgeben. Viele Menschen haben eine starke psychische Kraft und gehen gern einen heimlichen Wettbewerb mit der Kartenlegerin ein, sie versuchen dann, ihre eigene Energie auf die Karten zu übertragen und Ihre Deutung zu stören. Schützen Sie deshalb sowohl sich als auch Ihre Werkzeuge mit den entsprechenden Mitteln aus dem visuellen Bereich.

Aus ähnlichen Gründen mische ich auch immer selbst und bitte die Klientin nur, die Karten abzuheben und, wenn es nötig ist, eine Leitkarte auszuwählen. So verhindern Sie, daß Ihr Kartendeck durch zu viele verschiedene Energien verdorben wird, und es wird so für Sie als derjenigen, die die Karten liest, zu einem klareren Kommunikationskanal. Diese Disziplin verursacht mehr Verantwortung für Sie, denn sie bedeutet, daß Sie, um die Energie der Klientin in das Kartendeck zu leiten, einen ganz freien Kopf haben müssen und mit Ihrem dritten Auge und Ihren Händen zwischen der Klientin und den Karten einen Kanal öffnen müssen. Wenn Sie dies tun, während Sie die Karten mischen, trägt es auch wieder zu Ihrer Vorbereitung auf die Sitzung bei, um die unvermeidliche Anpassung durchzuführen, die stattfindet.

Es ist am besten, sich während dieses Vorgangs nicht zu unterhalten. Wenn die Klientin allerdings nervös ist und Sie ihr die Gelegenheit zu sprechen geben wollen, dann fragen Sie sie, ob sie sich schon einmal die Karten hat legen lassen und ob sie das zufriedenstellend und/oder hilfreich fand. Der Sinn im Legen der Tarotkarten besteht darin, den Menschen zu helfen, ihr Leben angemessener zu gestalten, und nicht darin, daß Sie sich als die allerbeste Kartenlegerin etablieren – also achten Sie darauf, daß Sie mit dieser Frage nicht eine Wettbewerbssituation herstellen. Sie werden mit den Karten so arbeiten müssen, wie Sie sie gemischt haben, und diese Tatsache wird dabei helfen, die Aufmerksamkeit wegzulenken von sozialen Rollen und hin zu wesentlich aussagefähigeren Selbstdarstellungsweisen.

Wenn das Kartendeck „zubereitet“ ist und Sie sich bereit fühlen, die Sitzung zu beginnen, fragen Sie die Klientin nach ihrer Lieblingszahl. Wenn sie keine hat oder wenn Sie die Karten vorbereiten, um sie innerhalb einer einzigen Sitzung ein zweites oder drittes Mal aufzulegen, dann lassen Sie die Klientin für dieses Mal eine Zahl wählen. Zum Beispiel könnte zuerst die Lieblingszahl der Klientin beim Zigeunerspiel mit achtzehn Karten verwendet worden sein, dann die Zahl, die sie als die momentan aktivste in ihrem Leben empfindet, als nächste beim Steinkreis, und eine Zufallszahl beim Schlüssel aus sieben Karten, wenn eine ganze Sitzung zusammengefaßt wird. Wenn die Klientin eine Zahl gewählt hat, konzentrieren Sie sich weiterhin ganz auf Ihr Gegenüber und mischen Sie die Karten so oft, wie es die Höhe der gewählten Zahl angibt. Damit wird der Prozeß der Einstimmung abgeschlossen. Jetzt legen Sie sofort die Karten zum Abheben vor die Klientin.

Auch das Abheben hat wieder viel mit Intuition, Erfahrung und persönlichem Stil zu tun. Einige sind der Meinung, Karten sollten immer mit der linken Hand abgehoben werden. Andere meinen, daß es vom Charakter der Sitzung, von der gesuchten Information abhängt, welche Hand frau beim Abheben benutzt. Wie oft die Karten abgehoben werden, ist ebenfalls eine Sache der eigenen okkultistischen Erfahrung und abhängig davon, was Sie in einer Sitzung erreichen wollen. Es ist möglich, dies ganz und gar der Klientin zu überlassen, indem Sie die Karten vor sie hinlegen und einfach sagen: „Bitte, heben Sie ab.“ Die meisten Menschen werden einmal abheben und das Kartendeck in zwei Stöße teilen. Einige werden die Karten nach dem Abheben wieder auf einen Stoß legen, den sie Ihnen vielleicht wieder zurückgeben. Diejenigen mit etwas mehr Wissen über Mystik haben für das Abheben der Karten vielleicht ein persönliches Ritual entwickelt und freuen sich darüber, es ungestört einhalten zu können. Normalerweise bitte ich die Klientin, *einmal* abzuheben, es sei denn, wir haben in der Vorbesprechung der Sitzung etwas anderes vereinbart. Durch dieses Vorgehen wird die kosmische Leitkarte festgelegt, die jetzt die unterste im Stoß und dafür vorgesehen ist, im richtigen Moment von Ihnen ans Licht geholt und gelesen zu werden. (Wenn Sie den Schlüssel aus sieben Karten legen, ist das allerdings nicht so. In diesem Fall ist die kosmische Leitkarte diejenige, die nach dem Mischen und vor dem Abheben oben auf dem Kartendeck liegt.) Die sorgfältige Vorbereitung des Kartendecks macht diese bestimmte Methode zum klarsten und kraftvollsten verfügbaren Ausdruck von kosmischer Energie. Auf welche Art auch immer Sie das Kartendeck abgehoben haben möchten – Sie sollten sich recht früh während der Vorbereitung der Karten für jedes Auflegen entscheiden, wie oft die Klientin die Karten abheben soll, seien Sie sich während des Mischens Ihrer Entscheidung bewußt. Wenn Sie durcheinander sind, wird das in den Karten zu sehen sein. Falls Sie eine kosmische Leitkarte deuten möchten, ist es nach meiner Erfahrung am besten, nur einmal abzuheben. Bei Spielen, wo diese Karte nicht gebraucht wird (Zigeunerspiel mit 18 Karten, das Mond- und das Sonnenkreuz, die Pyramide aus 21 Karten), ist es möglich, auch nach eigenen Vorstellungen eine Variante beim Abheben der Karten anzuwenden.

Nachdem die Karten vorbereitet, entsprechend der von der Klientin ausgewählten Zahl gemischt und abgehoben wurden, legen Sie das Spiel so auf den Tisch, daß die Bilder der Karten nach unten zeigen. Wenn Sie in der Sitzung eine individuelle Leitkarte verwenden, ist es jetzt an der Zeit, das Deck auszubreiten und die Klientin zu bitten, eine Leitkarte auszusuchen. Sowie sie eine Karte aus dem Deck gezogen hat, soll sie sie umdrehen und sie ansehen. Diese Karte ist der Signifikant und stellt die Klientin dar. Deuten Sie die Karte, sobald sie gezogen worden ist. Wenn eine kosmische Leitkarte benutzt wird, entnehmen Sie diese jetzt unten vom Deck und lesen Sie sie. Dann fahren Sie fort mit der Sitzung. Achten Sie beim Umdrehen der Karten darauf, daß Sie die Bilder so hinlegen, wie sie erscheinen.

Nach einer Beratung ist es notwendig, das Kartendeck zu reinigen, bevor Sie mit der Vorbereitung für die Sitzung mit einer neuen Klientin beginnen. Wenn Sie ein Deck reinigen, mischen Sie es erst fünfmal und heben einmal ab. Dann mischen Sie und heben die Karten mehrere Male ab, so oft, wie die Höhe von Zahlen, die Ihnen jetzt spontan einfallen. Wenn Sie das Gefühl haben, die Karten seien fertig, mischen Sie sechsmal – die Zahl der harmonischen Bewegung – und heben Sie zweimal ab, dann mischen Sie und heben sofort noch einmal ab. Wenn die Karten noch nicht wieder rein sind, mischen und heben Sie noch ein wenig ab, dann mischen Sie achtmal – die Zahl der Annäherung –, heben zweimal ab, dann mischen Sie sofort wieder und heben wieder ab, bevor Sie das Kartendeck auf die Seite legen oder die Klientin bitten, eine Zahl auszuwählen.

Allgemeine Richtlinien für die Deutung

Um Klarheit zu schaffen, benutze ich den Ausdruck „die Klientin" für die Person, deren Karten gelesen werden. „Sie" bezieht sich im allgemeinen auf diejenige, die die Karten legt, und „frau/man" und „frau/man selbst" meint sowohl die Klientin als auch Sie, die Leserin. Alle diese Bezeichnungen können auch als „Sie selbst" verstanden werden, wenn Ihnen das die einzelnen Bedeutungen leichter näherbringt.

Ich lege Karten auf Open-air-Festivals oder öffentlichen Veranstaltungen und muß darauf vorbereitet sein, für jede zu lesen, die sich hinsetzt. Ich benutze mehrere Kartendecks und habe jedes in Seide gewickelt, um zu verhindern, daß psychische Vibrationen hinein- oder aus dem Deck herauskommen. Indische Seidentücher sind sehr preiswert zu erhalten. Gelegentlich benutze ich ein Deck mit jeweils dreizehn

Karten (d. h. ohne die Könige), um sie für lesbische Feministinnen zu legen, aber sogar bei diesen Frauen (wimmin, d. Ü.) ist es oft am besten, ein komplettes Deck zu verwenden. Wir leben im Kontext unserer historischen Bedingungen und reflektieren unsere Umgebung, das heißt, daß wir heute im Patriarchat leben und stark darauf ausgerichtet sind, dessen Misogynie (Frauenhaß), Wettbewerbsdenken, hierarchische und bürokratische Strukturen zu akzeptieren. Ein Individuum, das beschlossen hat, sich lesbische Feministin zu nennen und vielleicht darum kämpft, ihre Bedingungen zu verändern, muß nichtsdestoweniger mit patriarchalen Energien zurechtkommen. Deshalb ist oft ein komplettes Deck von bestem Nutzen. Aus ähnlichen Gründen verwende ich für eine Sitzung nie alleine die Großen Arkana oder nur die Karten eines einzigen Blattes.

Falls Sie Männern die Karten legen, ist es erforderlich, bei den unteren Werten alle 14 Karten zu verwenden. Wenn die Energie der Königin im Spiel eines Mannes in Erscheinung tritt, zeigt das, daß er mehr Gespür für andere Menschen entwickeln wird. Die zehn Stäbe, für Frauen eine schwierige Karte, ist bei der Sitzung mit einem Mann eine positive Karte für Wachstum, die anzeigt, daß er lernen wird, seine Energie zu kontrollieren, und sie nicht leichtfertig in die Umgebung entweichen zu lassen.

Ritter und Könige erinnern Männer an ihre festgelegten Rollen im Patriarchat und an die Notwendigkeit einer starken ethischen Moral, um nicht in ein äußerst Yang-bestimmtes, stur dogmatisches und unsensibles Leben gepreßt zu werden. Pagen und die meisten Kleinen Karten zeigen Bescheidenheit und Aufnahmefähigkeit, die auf die Möglichkeit bedeutungsvollen Lernens und Wachstums hinweisen. Ein hoher Anteil von Hofkarten in einem aufgelegten Spiel zeigt einen starken Einsatz von Persönlichkeit, um die Wahrheit zu verbergen. Bei Karten der Großen Arkana wie Alchemist und Bewahrer der Geheimnisse muß vor schwachem Selbstbewußtsein und Tendenzen zu hierarchischem Denken gewarnt werden, Gefahren, für die Männer sehr anfällig sind. Stärke kann bei einem unentwickelten Menschen brutale Kraft sein. Der

Hohepriester, der Mond und die drei Kelche zeigen einen Mann, der in Kontakt mit seinen Gefühlen kommt und seine Intuition entwickelt, vielleicht sogar einmal in seinem Leben die Göttin verehrt. Ein solches Individuum kann, wenn es bereit ist, von Frauen zu lernen, und uns nicht nur heimlich zerstören will, in seinem Leben die Geschenke der Göttin erhalten. Die Interpretation des Tarot in diesem Buch richtet sich nur an diejenigen, die ehrlich die Befreiung der Frau und die Rückkehr der Göttin in diese Welt unterstützen. Diese Menschen kennen vielleicht C. G. Jungs Arbeiten zu den Archetypen sehr gut und sind interessiert an Richard Gardners Arbeit mit Tarot. Obwohl diese beiden Männer überaus stark in festgelegte Polaritäten eingespannt zu sein scheinen, so ermutigen sie doch andere ihres Geschlechts, ihre aufnahmefähigen intuitiven Aspekte zu entwickeln.

Sitzen Sie immer direkt vor den Karten, mit gekreuzten Beinen auf dem Boden oder, falls Sie auf einem Stuhl sitzen, mit den Füßen flach auf dem Boden. Die Klientin soll Ihnen gegenüber sitzen, die Karten liegen direkt vor ihr. Damit bedecken die Karten und das Tuch, auf dem sie liegen, den Raum zwischen Ihnen. So kann ein Kraftkegel aufsteigen, der den psychischen Kräften helfen wird, das intuitive Bewußtsein sowohl der Klientin als auch der Kartenlegerin zu erreichen.

Wenn Sie eine Sitzung durchführen, ist die Interpretation der individuellen Karten nur der erste Schritt. Nachdem Sie jede Karte gelesen haben, müssen Sie nach zusammenhängenden Mustern zwischen ihnen suchen. Dies ist vor allem eine intuitive Betrachtung, obwohl gewisse Richtlinien gegeben werden können. Jede Zahl, die dreimal vorkommt, bedeutet eine Aussage, die für sich gesehen werden muß. Wenn alle fünf Karten einer einzelnen Zahl aufliegen (die vier Kleinen Karten und die dazugehörige Karte der Großen Arkana), ist die Botschaft deutlich herausgestellt und unzweifelhaft. Schauen Sie auch nach den Beziehungen zwischen den Karten. Wenn das aufgelegte Spiel hauptsächlich aus Kleinen Karten besteht und diese wiederum die niedrigen Werte von eins bis vier darstellen, dann ist die Klientin gerade erst dabei, die angezeigten Energien zu entwickeln, Wurzeln auszubilden und eigene Muster und Verhaltensweisen zu finden. Eine derartige Zeit ist empfindlich, erfordert Vorsicht und gefühlvolle Pflege, damit die angebotenen Möglichkeiten nicht verloren gehen. Wenn Achter- und Neunerkarten überwiegen, zeigt das gemeinschaftliche Anstrengung und umgesetzte Kreativität im Zusammenhang mit einer Orientierung auf die Göttin und einen weiblichen Geist. Sieben und Zehn zusammen erzeugen eine eher patriarchalische Energie, während Fünf und Sieben eine chaotische Bewegung anzeigen. Ein Muster aus Sechsen und Achten zeigt leichten Fortschritt bei den Entwicklungslinien, die für die Klientin am ergiebigsten sind.

Zählen Sie immer die Elemente in einem aufgelegten Spiel, als Zeichen für den Integrationsgrad der Energien der Klientin. Wenn ein Element unübersehbar dominiert, wird es gut für die Klientin sein, sich darauf zu konzentrieren. Wenn ein Element völlig fehlt, wird die Klientin Disharmonie und Unwohlsein empfinden. Das ist allerdings nicht der Fall, wenn eine Frage gestellt wird. Falls ein Element in einem Spiel fehlt, das auf eine Frage eingeht, heißt das, daß diese Energie nicht an der Beantwortung der Frage beteiligt ist. Vielleicht ist ein Element in einem Spiel nicht häufig vertreten, dafür jedoch von starken, flexiblen Karten repräsentiert; das zeigt, daß die Klientin diesem Element während des Zeitraums, den das Spiel abdeckt, keine besondere Aufmerksamkeit zu schenken braucht, und daß diese Energien die Klientin zuverlässig unterstützen werden, während sie die Lehren aus einem anderen Element oder aus einer anderen Kombination lernt.

Wasser und Feuer kennen wir als die beiden kreativen Elemente. Seien Sie sich bei einer Sitzung der Beziehung bewußt, die zwischen diesen zwei Elementen entsteht. Gelegentlich kommen Zahlen in einem Spiel nur zweimal vor, und Sie treffen in einer Sitzung vielleicht auf drei oder vier Zahlenpaare. Obwohl das von den Zahlen her nichts Besonderes aussagt, sollten Sie nachsehen, ob diese Paare eine Beziehung zwischen Elementen wiederholen, z. B., wenn es immer

Paare aus Kelchen und Stäben sind – den kreativen Elementen –, oder aus Kelchen und Münzen – traditionellen weiblichen Elementen. Achten Sie auf die Plazierung der Elemente in einem Spiel und auch wieder auf die Integration oder ähnliche Zuordnungen der Energien der Klientin.

Berücksichtigen Sie auch die Hofkarten, die in einem Spiel vertreten sind. Sind sie ausgewogen zahlreich vorhanden, so verläßt sich die Klientin auf ihre Persönlichkeit, um ihre Ziele zu erreichen. Könige und Ritter bedeuten Aggression und Streben nach Dominanz. Könige und Pagen weisen auf eine Entweder-oder-Persönlichkeit hin, die zwischen Extremen schwankt. Umgedrehte Ritter zeigen Selbstmißbrauch an oder seltener ausgeprägte, intensive Konzentration auf innere Entwicklung. Königinnen zeigen eine voll entfaltete Persönlichkeit. Umgedrehte Königinnen können bürokratische Tendenzen offenlegen.

Beachtung müssen Sie der Anzahl der Karten der Großen Arkana schenken, ihrem Element, ihrer Plazierung im Spiel, und auch berücksichtigen, ob sie auf dem Kopf stehen. Die vier Drachen – der Bewahrer der Geheimnisse, der Tod, der Donnerschlag oder Blitzstrahl und der Erddrachen – müssen Sie sehr aufmerksam suchen. Sie repräsentieren eine besondere Intensität an Erfahrung und sind direkt mit der Bildung der Seele verbunden, mit der Entwicklung des Karma und des spirituellen Bewußtseins der Klientin. Sie helfen ihr, den Sinn ihres Lebens zu entschlüsseln. Manchmal erscheinen alle Karten der Großen Arkana im Bereich des Innenlebens und lassen das äußere Sein der Klientin ziemlich schwach erscheinen. In anderen Spielen spannen sie einen Faden von der Vergangenheit der Klientin zu ihrer Zukunft, oder von ihren unbewußten Wurzeln zu ihren bewußten Vorbestimmungen. Ein hoher Anteil von Karten aus der Großen Arkana in einem Spiel zeigt intensive Energie an, die die Periode, die durch die Sitzung abgedeckt wird, als eine für die Klientin sehr bedeutende markiert. Das trifft gerade jetzt besonders stark zu, da wir uns in das neue Zeitalter des Wassermanns begeben. Viele Menschen verwirklichen sich jetzt dadurch, daß sie der Menschheit durch die schwierige Übergangszeit helfen, die wir momentan erleben. Die meisten dieser modernen Helfer haben sich langsam vorbereitet, manche haben sich verrannt; wir alle hatten gehofft, etwas mehr Zeit für die Vorbereitung zu haben. Trotzdem: JETZT IST DIE ZEIT DA und alle, die etwas beitragen können, sind aufgefordert, das zu tun. Es kann sich jede noch verweigern, wenn sie es will, obwohl die Gelegenheit für diese Entscheidung wahrscheinlich nicht wieder kommen wird, auch wenn sie sich uns vielleicht schon einige Male geboten haben mag. Eine Klientin, die an diesem Scheideweg ihres Lebens steht, wird in jeder Sitzung, an der sie teilnimmt, eine hohe Zahl von Karten aus der Großen Arkana haben.

Die Zugehörigkeiten oder Korrespondenzen der Karten der Großen Arkana werden Ihnen bei Ihrer Interpretation helfen. Sie werden feststellen, daß Sie Ihre Arbeit mit dem Tarot zu einer Beschäftigung mit Mythologie und Astrologie hinführt, später vielleicht auch mit Zahlenkunde und Alchemie. Die in den Karten enthaltene Philosophie ist tief und voll Bedeutung, sie kann uns helfen, die notwendige Ruhe und Kraft zu finden, die wir brauchen, um auf dieser Erde glücklich zu leben. Das Studium der Karten, das auch die Meditation über ihre Bilder einschließt, ist ein Weg zu eigener Entwicklung, der uns dabei unterstützen wird, in Harmonie mit den zeitlosen Kräften des Universums zu leben.

Auch astrologische Bindungen müssen besonders beachtet werden. Karten, die mit den Hauptzeichen verbunden sind (der Mond, die Gerechtigkeit, die Herrscherin, der Alchemist), zeigen die Fähigkeit, etwas in Gang zu bringen und können irgendwie grell und dramatisch sein. Karten der festen Zeichen (das Gericht, der Stern, die Matriarchin, die Sonne) zeigen Hartnäckigkeit an oder die Kraft, etwas festzuhalten, damit wird Überlebensfähigkeit mitgeteilt. Diese Karten können auch ein Hinweis auf die Bereitschaft sein, zu zerstören, um eine Lösung zu finden. Die veränderlichen Karten (die Hohepriesterin, die Liebe, die Weise Frau, der Wagen) zeigen die Fähigkeit, so lange an einer Sache zu arbeiten, bis ihr Kern gefunden ist, obwohl auch eine Verschwendung von Energie möglich ist. Die persönlichen

Planeten werden von der Kraft, von dem Rad, dem Hängenden und der Mäßigkeit dargestellt, während die Planeten des sozialen Lebens die vier Drachen sind.

Achten Sie auf die Zahlen, die Sie den Karten der Großen Arkana zuteilen und bringen Sie sie mit den Zahlen der Karten aus der Kleinen Arkana in Verbindung. Denken Sie daran, daß jede Karte der Großen Arkana im zweiten Teil der Schleife mindestens zwei Zahlenwerte hat. Nehmen Sie sich in einer Sitzung etwas Zeit, damit sich diese Beziehungsmuster entfalten können.

Wenn in einem Spiel alle Karten der Großen Arkana zu einem Element gehören, hat die Klientin während des Zeitraums, den die Sitzung betrifft, sehr intensiv mit dieser besonderen Energie zu tun. Da die Karten normalerweise auf alle Elemente verteilt sind, bedeutet eine solche Konzentration von Karten der Großen Arkana, daß die Klientin diese Energie in der Vergangenheit vielleicht blockiert und ihre eigene schöpferische Kraft zurückgehalten hat. Jetzt wird sie unvermeidlich die Kraft der elementaren Energie in ihrem Leben kennenlernen. Eine solche Erfahrung wird ihr helfen, mit diesem Aspekt ihres Lebens ins reine zu kommen. Wenn die Klientin die Energie bereits kennt, weist diese Konzentration von Karten der Großen Arkana darauf hin, daß sie jetzt dabei ist, ein neues und wesentlich tieferes Verständnis dieser Kraft in ihrem Leben zu entwickeln, das ihren Erfolg deutlich verstärken wird.

Bestimmte Kartenkombinationen geben auch Aufschluß darüber, was die Klientin in Zukunft erwartet. Fünf und Zehn aus dem gleichen Blatt zeigen an, daß die Klientin diese Energien überfordert hat und in jedem Fall mit einer Umstrukturierung in diesem Bereich ihres Lebens fertig werden muß. Fünf Kelche und fünf Schwerter zusammen zeigen, daß eine Beziehung im Leben der Klientin zu Ende gegangen ist, daß sie die Realität jedoch noch nicht ganz akzeptiert. Sind die fünf Schwerter im äußeren Leben der Klientin begleitet von den sieben Kelchen in ihrem inneren Leben, so kann das jemanden aus Wolkenkuckucksheim andeuten, oder jemanden, die andere manipuliert und belügt, so daß

Ihnen ihr eingebildetes Leben wirklicher erscheint. Achten Sie auf Kombinationen, die Ihnen während der Sitzung einfallen, und lassen Sie sich von ihnen beim Erschließen der Botschaft aus den Karten helfen.

Abb. 2: Kleine Arkana – Zwei Kelche

Klientinnen werden Sie oft fragen, ob Sie irgend etwas über ihre Gesundheit oder ihr Liebesleben sehen können, oder dazu, ob sie umziehen oder sich eine neue Arbeit suchen werden. Es ist unwahrscheinlich, daß irgendeine einzelne Karte die Antwort auf diese Fragen bietet; die Muster, die die Karten miteinander eingehen, können Ihrem psychischen Selbst die in der Situation verborgenen Möglichkeiten enthüllen. Wenn in einem Spiel keine Karten sind, die Beziehungen widerspiegeln, dann sind in dem in Frage kommenden Zeitraum keine größeren Veränderungen für die Klientin zu erwarten. Sind in einem Sonnenkreuz, das zu einer Beziehung befragt wird, keine Wasserkarten, dann ist die in Frage stehende Partnerschaft momentan nicht unmittelbar von emotionalen Energien betroffen. Wenn jemand wissen möchte, ob eine Veränderung der Wohnungssituation entsteht, können verschiedene Zeichen befragt werden. Das grundlegendste ist der Ritter der Stäbe, das ist eine traditionelle Karte für einen Umzug. Aber auch wenn diese eindeutige Karte erscheint, ist es sinnvoll, nach anderen unterstützenden Ausschau zu halten, denn der Ritter der Stäbe sagt auch aus, daß Sie Ihre kreative Energie in die Welt hinaustragen, vielleicht, indem Sie predigen oder unterrichten und auf die Umwelt Einfluß nehmen. So kann es möglich sein, daß eine Klientin mit dieser Karte eher den zentralen Punkt ihrer schöpferischen Tätigkeit verändert, als daß sie in eine neue Wohnung zieht. Andere Karten, die auf einen Umzug hindeuten, könnten die Fünf der Münzen sein (materielle Unterstützung) oder das As der Münzen (neuer materieller Anfang). Trifft die Sieben der Münzen auf den Ritter, so kann das ein sehr deutlicher Hinweis darauf sein, daß sich die Klientin ihren Lebensraum so gestalten wird, wie sie sich das vorstellt. Warnen Sie sie vor übertriebener Ich-Betonung, wenn diese Kombination aufliegt. Das As der Stäbe und die Sechs der Münzen können einen Wohnungswechsel bedeuten, oder einen neuen Versuch, materielle Grundlagen zu teilen – das könnte die Klientin wieder optimistischer für ein kollektives Leben stimmen. Es sind auch viele andere Hinweise möglich, diejenige, die die Karten legt, muß sich bei ihrer Suche nach diesen Hinweisen von ihrer Intuition leiten lassen, um sie interpretieren zu können. Entwickeln Sie Ihre eigenen Schlüssel, um eine Antwort auf solche Bedürfnisse zu finden.

Die Frage, wie auf dem Kopf stehende Karten bewertet werden sollten, ist Thema vieler Diskussionen, wie auch die Bedeutung rückläufiger Planeten, beide Phänomene sind als Symbole ähnlich. Die Tradition, die seit der Renaissance besteht, besagt, daß umgedrehte oder verkehrt liegende Karten als Gegenteil der Aussage interpretiert werden, die sie hätten, wenn sie richtig herum vor der Betrachterin liegen. Für mein Gefühl ist dieses Verständnis der anders liegenden Karten ein perfektes Beispiel für polarisiertes Denken, das Extreme schafft, die sich für immer fremd sind. Es ist möglich, völlig zu ignorieren, daß die Karten verkehrt liegen und trotzdem aussagekräftige und wichtige Informationen und Unterstützung von ihnen zu erhalten. Wenn Sie die Tatsache, daß die Karten auf dem Kopf stehen, jetzt erst einmal außer acht lassen, werden Sie feststellen, daß Sie in zwei oder drei Jahren besser verstehen, warum sie in Sitzungen, die Sie für sich oder andere abhalten, an unterschiedlichen Stellen liegen und zu unterschiedlichen Zeitpunkten erscheinen. (Seien Sie sich darüber im klaren, daß Sie beim Umdrehen der Karten, um ihre Gesichter zu enthüllen, lediglich „eine Tür öffnen"; stellen Sie die Karten nicht hochkant, denn dabei könnten Sie sie versehentlich umdrehen.)

Ich verstehe die umgedrehten Karten vor allem als Hinweise auf innere Arbeit, die die Klientin an sich selbst leistet. Wenn diese Karten in Bereichen des äußeren Lebens der Klientin erscheinen, zeigen sie, daß die Klientin von anderen Menschen als eine Person gesehen wird, die an sich selbst und an ihrer inneren Entwicklung arbeitet. Sie wird sich wahrscheinlich auch sehr bewußt darum bemühen, die Anforderungen ihres inneren und äußeren Lebens zu verbinden. In seltenen Fällen sagen verkehrt herum liegende Karten aus, daß die Klientin nur ein irdisches Bewußtsein hat und nicht berücksichtigt, daß sie in einen Prozeß spiritueller Entwicklung eingegliedert ist – solche Sitzungen bleiben daher bedeutungslos für sie. Derartige Fälle sind jedoch selten und Ihre Entscheidung, ob verkehrt herum liegende Karten mit den Vorgängen der inneren Alchemie zu tun haben oder nicht, liegt ganz in Ihrer INTUITIVEN Wahrnehmung. Ich kann nicht deutlich genug unterstreichen, daß es für Tarotsitzungen unabdingbar ist, die KARTEN ZU DEUTEN; LASSEN SIE SICH NICHT AUF DIE PSYCHOLOGIE EIN. Die Dinge sind normalerweise nicht das, als was sie erscheinen, besonders im Leben von Menschen, die Orakel befragen. Es wäre eine Beleidigung der Integrität Ihrer Klientinnen, wenn Sie ihnen aufgrund Ihres Verständnisses ihres sozialen Habitus die Karten deuten würden. Vergessen Sie nicht: Bei Ihnen sitzt jemand, die etwas sucht, und Sie sind die Verbindung für die Verständigung zwischen ihr und der unsichtbaren Welt, in der ihr Geist lebt.

Verkehrt liegende Karten warnen die Klientin auch, damit sie sich vor den Gefahren schützen kann, die mit dieser Karte verbunden sind, und als die Person, die die Karten liest, ist es am besten, diese möglichen Schwächen, Herausforderungen oder Schwierigkeiten zu erwähnen, wenn Sie solche Karten interpretieren. Auch die Stärken anderer Karten können Sie herausstellen, die der Klientin helfen werden, die Fallen zu vermeiden, auf die sie achten sollte. In einer ähnlichen Richtung zeigen Inversionen (umgedrehte Karten) blockierte Energie an, und die Klientin könnte sich für die durch solche Karten bezeichneten Lebensbereiche auf Enttäuschung und mögliche Verzögerung einstellen. Nichtsdestoweniger können solche Phasen auch Gelegenheit geben, irgend etwas noch einmal durchzuarbeiten. Dabei kann die Klientin ein positiveres Verständnis und höheres Bewußtsein für diese Angelegenheit entwickeln. Das kann dieser Erfahrung eine zeitlose oder ewige Qualität verleihen.

Besonders wenn die Karten der Großen Arkana verkehrt herum liegen, weist das auf verringerte Intensität entlang der Linien der blockierten Energie hin, möglicherweise jedoch auch ohne auffallend bewußtes Gefühl von Frustration. Die von der Großen Arkana angezeigte Heftigkeit von Erfahrungen kann für viele Klientinnen in manchen Phasen ihres Lebens zu viel sein, und umgedrehte Karten schützen die Klientin dann vor der vollen Wucht der jeweils angesprochenen Energie.

Was auch immer Sie für die Interpretation der verkehrt liegenden Karten entscheiden – oder auch für die Bedeutung der Karten überhaupt –, wenn Sie in Ihrer Arbeit konsequent sind, werden Sie feststellen, daß die Karten Ihnen ihre Bedeutung preisgeben.

Der Sinn im Befragen des Tarot besteht darin, daß wir uns

der Energiemuster in unserem Leben leichter bewußt werden. Auch wenn wir Schwierigkeiten voraussehen, kann uns dieses Wissen helfen, besser für die anstehenden Herausforderungen vorbereitet zu sein. Es gibt keinen Grund, vor den Botschaften der Karten Angst zu haben. Jede Sitzung sollte die Klientin für ihr Leben optimistisch stimmen, und sie sollte sich in der Lage fühlen, es besser als vorher mit ihrer ganzen Kraft leben zu können.

Kapitel III

Die Kleinen Arkana

Zahlenkunde

Zahlen sind von großer Bedeutung und jede Tarotkundige hat, ungeachtet ihrer formalen Ausbildung, eine kenntnisreiche Zahlentheorie. Die Vielzahl dieser Theorien ist ein guter Ausdruck für die verschiedenen Auffassungen von Wahrheit und Wirklichkeit, die unter Menschen heute vorhanden sind. Vergleichen Sie beispielsweise die Bedeutung, die der Zahl Fünf gegeben wird: Für einige heißt sie Umwälzung, Wechsel und Zerrüttung, für andere Heirat und Vereinigung, für wieder andere Schwierigkeit und Niederlage. Das heilige Efeublatt von Kali hat fünf Zacken, wir haben von Grund auf fünf Finger und fünf Zehen. $5 + 5 + 5 + 5 = 20$; $4 \times 5 = 20$; $20 = 2 \times 10$; $2 + 0 = 2$. Aus der einzelnen Idee der „Fünf" ist schon eine Vielfalt der Form entstanden. Eine solche Idee, eine, die Kraft angenommen oder entwickelt hat, eine Form zu schaffen, kann IDEATE genannt werden. Die politische Kraft von Ideaten habe ich in einem anderen Buch diskutiert *(Further Thoughts on Feminism or What Is To Be Done?)*.

Um Ihnen bei Ihrem eigenen Zahlenverständnis zu helfen, habe ich für jede Zahl eine Grundbedeutung sowie für jede Karte eines Blattes der Kleinen Arkana ein Schlüsselwort angegeben. Demzufolge repräsentiert die Vier Einheit, Harmonie, Stabilität und Ganzheit, was bei den Schwertern als alchemistischer Rebus verstanden werden kann. Der Rebus symbolisiert die Schaffung neuer gedanklicher Formen durch die Kombination unterschiedlicher Gesichtspunkte. Ein solches Gerüst ist für den alchemistischen Prozeß unbedingt notwendig, praktizierende Hermeneutiker und andere Studenten des Okkulten werden das aus persönlicher Erfahrung wissen. Die Schwäche der vier Schwerter ist geistige Tätigkeit. So erhält das einheitliche Thema der Vier in jeder Bedeutung seinen dem Element entsprechenden Gehalt. Auf diese Weise erkennt frau die Unterschiede zwischen Gnomen, Feen, Devas und Sirenen.

Die Hofkarten – Page, Ritter, König und Königin – repräsentieren noch einen anderen Standpunkt. Obwohl sie die 11, 12, 13 und 14 darstellen, tragen sie als Persönlichkeitskarten noch zusätzliche Bedeutungen. Persönlichkeit ist ein häufig mißverstandener Aspekt unserer Existenz, dem von sogenannten Gefühlswissenschaftlern viel Aufmerksamkeit geschenkt wird.

Die Psychologie, die sich ihr Territorium aus dem traditionellen Bereich des spirituellen Okkultismus herausgeschnitten hat, erzählt uns das meiste von dem, was die allgemeine Ansicht über die Persönlichkeit ist. Diese neue Wissenschaft hat, mit ihren Wurzeln im Materialismus und ihrer Überbetonung der Gefühle (was charakteristisch ist für das Zeitalter der Fische), unsere Selbstwahrnehmung verzerrt. Der Wille, das Ego, unser Innenleben und unsere äußere Erscheinung sind alle zutiefst verschieden, obwohl sie sich bei den meisten von uns zu einer undeutlichen Masse vermischen. Die Persönlichkeit ist unser äußeres Gesicht, umrahmt von unseren anderen Seinszuständen und auch von unserer psychischen Körperlichkeit bestimmt. Mit Disziplin können wir selbst festlegen, wie wir unsere Energien nutzen und, konsequenterweise, auch, wie wir aussehen. Ohne Disziplin bleiben wir undifferenziert und unklar, perfekte Versuchspersonen für die psychologische Analyse.

Es taucht auch die Frage auf, ob jedes Blatt ursprünglich aus 12 oder 13 Karten bestand, denen später noch eine oder zwei hinzugefügt wurden. Wenn das so war, welche Karten sind dann die Nachzügler? Nur Königin und Page, oder Prinzessin, waren immer da, Mutter und Kind. Entweder Ritter oder König oder vielleicht beide könnten sich selbst hineingeschwindelt haben. Es ist wahrscheinlich, daß zuerst der Ritter kam und später zum König wurde, so wie auch Zeus erst als

Heras Bruder vorgestellt und später ihr Gemahl und Unterdrücker wurde. Isis kehrt heute als sie selbst wieder, und das Aufleben der Tradition Dianas bezeugt IHRE andauernde Stärke. Wenn Sie die Könige beiseite lassen, um ein Blatt mit 13 Karten zu erhalten, seien Sie sich bewußt, daß Sie die Möglichkeit königlicher Eigenschaften wie Rigidität, Dogmatismus und Selbstkontrolle bei jeder Königin, die im Spiel erscheint, in Betracht ziehen müssen.

Ursprünglich gab es für Große Arkana keine gesonderte Zahlenlehre. Nachdem sich im Lauf der Zeit ein tiefer, geradliniger Denkprozeß entwickelt hat, haben diese Karten einige Zahlen angenommen. Ich habe den Karten diese Zahlen in Übereinstimmung mit meinem eigenen Verständnis ihrer Eigenschaften zugeschrieben. Es ist möglich, daß sich meine Einstellung zu diesen Zuordnungen mit der Zeit verändert. Ich glaube, daß meine Auswahl der Zahlen für die Karten am leichtesten zu verstehen ist, wenn die Große Arkana wie eine Schleife aufgelegt wird, dem Zeichen für Unendlichkeit, das wie eine liegende Acht aussieht. Das erste Ei oder die erste Träne sind die Erschaffung des Individuums. Als Zweites entsteht die Beziehung mit der Ewigkeit/dem Universum. Das Schicksalsrad wird in der Folge vom Gericht gekreuzt, Welt und Narr liegen jeweils auf einer Seite des Schnittpunktes. Dies ist ein sehr kraftvoller Punkt.

Jede Karte der Großen Arkana repräsentiert eine Erfahrungsqualität. Ein Individuum schreitet nicht einfach geradeaus auf der Schleife der eindimensionalen Zeitlinie ihres Lebens. Wir leben in einer Vielzahl gleichzeitiger Zeitsphären (ein Thema, das in diesem Buch nicht behandelt werden kann), und in einigen von ihnen stellt die fortlaufend mit Zahlen belegte Schleife ein symbolisches Muster für Wachstum dar. Dieses Motiv zeigt die Entwicklung eines ganzen Lebens und wird im Gesamtkreis vielfach ausgedehnt und zusammengezogen wiederholt. Gleichermaßen beinhaltet jede einzelne Karte vielfältige Erfahrungen, die ihr Tiefe und Breite verleihen, das ist die Spiralenenergie des Lebens. Genau in diesen konzentrierten Erfahrungen erhält die grundlegende Qualität der den Karten zugeordneten Zahlen ihre tiefste Bedeutung.

Alle zweistelligen Zahlen tragen zwei Ziffernwerte, denjenigen als Zahl und den aus der Summe ihrer beiden Ziffern. Zum Beispiel ist Sechzehn sowohl 16 als auch sieben (1 + 6 = 7). Es ist auch zweimal acht, die Zahl für Lehrzeit und bewußte Anwendung, zur Verdeutlichung im Zusammenhang einer Struktur oder praxisbezogenen Form wiederholt. Für diejenigen, die sich mit der Tradition Dianas auseinandersetzen, ist der Wert dieser Zahl viermal vier – darin schwingt das Gesamte und stabile Universum, das in der Harmonie verwirklichte göttliche Bewußtsein; oder der Wert ist dreizehn plus drei – darin werden unsere Schwestern aus früherer Zeit angesprochen, und es wird die Kraft der Frauen (womyn, d. Ü.) durch die dynamische Aktivität der Dreifachen Gottheit der Schwesterlichkeit an die Welt zurückgegeben. Da diese Zahl dem Erdendrachen zugeordnet ist, ist diese Karte heute von besonderer Bedeutung.

Bei jeder der Zahlen kann auf diese Weise vorgegangen werden, mit oder ohne Bezug zum Tarot. Das weitgespannte Netz von Beziehungen in der Welt der Zahlen wird schnell ersichtlich. Die Zahl selbst, die Summe aus ihren Ziffern und verschiedene Zahlenkombinationen – sowohl durch Addition als auch durch Multiplikation gebildet –, die daraus entstehen können, müssen alle berücksichtigt werden. Da dies kein Buch über Numerologie ist, habe ich mich auf eine kurze Beschreibung der Basiszahlen und auf eine Auflistung der Schlüsselwörter für die Zahlen selbst beschränkt.

Die Zahlen

EINS — Neuer Anfang, Geburt oder Wiedergeburt, und Erneuerung von Energie. Eins ist die Saat und enthält alle Möglichkeiten für die Zukunft, obwohl sie nur ein feines Gebilde und noch ohne Wurzeln ist.
Symbol: ein Punkt

ZWEI	Kraft erwächst, Wurzeln werden gebildet. Zwei repräsentiert einen zeitweisen Ausgleich und Gefahr der Polarisierung. Symbol: ein Strich
DREI	Dynamik und Verbindung. Die Pflanze trägt Blüten, gibt ihre Energien an die Welt. Der aktive Aspekt des Lebens. Überstrapaziert durch westliches Patriarchat. Symbol: ein Dreieck
VIER	Harmonie, Einheit, Stabilität, Vervollständigung. Vollendete Schöpfung, die Früchte der Bemühungen. Der kontemplative Aspekt des Lebens. Symbol: ein Kreis
FÜNF	Dramatischer Wechsel. Eine Erschütterung, die Raum für Wachstum schafft. Eine Krise im Alltagsleben durch das wechselhafte Wesen des Lebens. Symbol: ein Stern
SECHS	Harmonische Bewegung und zunehmendes Bewußtsein. Wegbewegen von früheren Schwierigkeiten, allerdings vielleicht mit einer Tendenz, zurückzuschauen. Symbol: ein Bogen
SIEBEN	Der Schlüssel, die Zahl der Magie. Vorsicht vor Ich-Bezogenheit und Illusionen. Die Sieben berührt unsichtbare Kraftquellen und Ihr eigenes unendliches Potential. Mißbraucht vom Patriarchat in der westlichen okkultistischen Tradition. Symbol: eine Spirale
ACHT	Annäherung, Lehrzeit, durch die Anwendung von Wissen kommen Sie Ihrem Ziel näher. Sie stellen Ihre Kraft in einen moralischen Zusammenhang. Symbol: eine Schleife

NEUN Reine Energie fließt in offenen Kanälen. Umfassende Erfahrung, intensive Kreativität. Eine spezielle Zahl weiblicher Gottheit.
Symbol: eine Ellipse

ZEHN Überaus starke Struktur, die den Energiefluß behindert. Stabil, jedoch wird Energie verbraucht, die anderweitig kreativ genutzt werden könnte. Vor allem eine patriarchalische Form.
Symbol: ein Quadrat

Die Hofkarten: Aspekte der Persönlichkeit

PAGE, PRINZESSIN, DIENER, KNAPPE:
Aufnahmefähigkeit, Bescheidenheit und Offenheit. Verletzlich und leicht zu beeindrucken. Versucht vielleicht, zu früh zu führen.

RITTER, AMAZONE:
Anmaßend, arrogant, bereit, zu kämpfen, wenn es notwendig ist. (Den richtigen Zeitpunkt für einen Kampf auszuwählen ist ein Zeichen von Stärke.) Kann zu sehr auf die Welt bezogen sein, unsensibel und ohne Harmonie.

KÖNIG, PRINZ:
Stur, dogmatisch, fixiert und autoritär. Kontrolliert gern. Kann Selbstkontrolle bedeuten.

KÖNIGIN, GEFÄHRTIN:
Gefühlvoll und stabil, kümmert sich um Sicherheit für sich selbst und die Menschen um sie herum. Kreativ. Kann nachsichtig sein.

Die Elemente

WASSER repräsentiert die psychische Sphäre des Lebens. Es ist das Element unserer Gefühle, unserer Wünsche, unserer Intuition und unserer Erinnerung. Kreativität und Frieden werden durch Wasser dargestellt. Die Kelche sind die (Karten-)Zeichen des Wassers.

Das Element Wasser korrespondiert mit unserem astralen Körper und erscheint als Sirenen oder Undinen. Als Element der Mystik ist Wasser das Medium für Geburt und Wiedergeburt. Es ist dem Westen und dem Frühling zugeordnet; Brunnen, Flüsse, Quellen und Seen vermitteln seine Kraft. Wasser ist das besondere Gebiet von Cerridwen.

LUFT repräsentiert die innerliche Sphäre des Lebens. Es ist das Element unseres Intellekts, unseres rationalen Verstehens, unserer esoterischen Wahrnehmung und unserer mentalen Fähigkeiten in den okkultistischen Wissenschaften. Mathematik und Astrologie stehen durch dieses Element miteinander in Verbindung. Luft ist auch das Element der Liebe. Die Schwerter sind die Zeichen der Luft.

Das Element Luft korrespondiert mit unserem geistigen Körper und erscheint als Sylphen (Luftgeister, Waldgötter, d. Ü.) oder Devas. Als Element des Okkulten ist die Luft das Medium der Sichtbarmachung und Offenbarung. Es ist dem Osten und dem Herbst zugeordnet, Weihrauch und Wind übermitteln seine Kraft. Die Luft ist das besondere Gebiet von Ischtar.

ERDE repräsentiert die materielle, stoffliche Sphäre der Wirklichkeit. Sie ist das Element unserer physischen Körper, unserer greifbaren Umgebung, unserer praktischen Tätigkeiten und unserer Finanzen. Die Münzen sind auch ein Zeichen für magischen Schutz. Vorstellungskraft und Schönheit sind in der Erde verkörpert. Die Münzen sind die Zeichen der Erde.

Das Element Erde korrespondiert mit unseren ätherischen Körpern und erscheint als Gnome. Als Element der Geomantie ist die Erde das Medium sinnlicher Erfahrung und körperhafter Magie, wie zum Beispiel des Verzauberns von Wesen. Sie ist dem Norden und dem Sommer zugeordnet, Salz und Gerstenmehl vermitteln ihre Kraft. Die Erde ist das besondere Gebiet von Demeter.

FEUER steht für unseren Willen, die Energie, die wir brauchen, um alle möglichen Dinge zu tun. Der freie Wille ist abhängig von unserer Befreiung von den Forderungen des Ich, indem wir unserer Persönlichkeit erlauben, Ausdruck unseres inneren Geistes zu sein. Unser Feuer ist auch die Quelle unserer Leidenschaft. Die Stäbe sind die Zeichen des Feuers.

Das Element Feuer korrespondiert mit unserem spirituellen Sein und erscheint als Elfen oder Feen. Als Element der Alchemie ist das Feuer das Medium der Reinigung durch Reduzierung und der Regeneration durch wiederbelebte Sinngebung. Es ist dem Süden und dem Winter zugeordnet, Öl und Flammen vermitteln seine Kraft. Feuer ist das besondere Gebiet von Hekate oder Helle.

Die Zahlen in den Elementen: Schlüsselwörter

Wasser

EINS	–	Intuition/Kreativität
ZWEI	–	Liebe
DREI	–	Schwesterlichkeit
VIER	–	Meditation/Stumpfsinn

FÜNF – Verlust/Depression
SECHS – Lernen durch Träume/Musik
SIEBEN – Mystische Erfahrung/Phantasie
ACHT – Wendung nach innen
NEUN – Inspiration/Zufriedenheit
ZEHN – Familien
PAGE – Junge Liebe/Dichtkunst/die innere Stimme
RITTER – Trägt den Becher des Lebens/der Verführer
KÖNIG – Schuld/emotionale Selbstkontrolle
KÖNIGIN – Kreative Vorstellungskraft

Die Zahlen in den Elementen: Schlüsselwörter

Luft

EINS – Einweihung/Durchbruch
ZWEI – Warten/Unentschiedenheit
DREI – Neue Ideen entwickeln/Beachtung verneinender Gefühle
VIER – Weiteres Verständnis/geistige Trägheit
FÜNF – Verwirrung/Notlügen
SECHS – geistige Entwicklung/Wegbewegen von Schwierigkeiten
SIEBEN – den Schleier durchtrennen/trickreich
ACHT – Astralreise/mentaler Knoten
NEUN – okkultistisches Bewußtsein/klare Vision
ZEHN – geistiger Hausputz ist erforderlich
PAGE – Astrologie/Klatsch
RITTER – Kampf
KÖNIG – Gesetz
KÖNIGIN – Gerechtigkeit

Die Zahlen in den Elementen: Schlüsselwörter

Erde

EINS	–	Schutz/Selbstheilung
ZWEI	–	Kraft/Glaube
DREI	–	Arbeit
VIER	–	Ausruhen/Horten
FÜNF	–	Umbruch/Spaltung
SECHS	–	Teilen/Kooperation
SIEBEN	–	Kreativität/Kontrolle
ACHT	–	Praktische Erfahrung/Disziplin
NEUN	–	Stille/Bequemlichkeit
ZEHN	–	Verantwortung/Autorität
PAGE	–	Heidnische Praxis
RITTER	–	Arbeit in der Gemeinschaft
KÖNIG	–	Reichtum und Autorität
KÖNIGIN	–	Eins mit der Natur

Die Zahlen in den Elementen: Schlüsselwörter

Feuer

EINS	–	Optimismus/neues Projekt
ZWEI	–	Integration
DREI	–	Energie sammeln/Tagträume
VIER	–	Wohlergehen/Feierlichkeit
FÜNF	–	Willenskonflikt

SECHS	–	Selbsterkenntnis/egoistische Trägheit
SIEBEN	–	Willensstärke
ACHT	–	Wiederholtes Bemühen
NEUN	–	Zielstrebigkeit/Eigensinn
ZEHN	–	Last/Selbstunterdrückung
PAGE	–	Psychische Aufnahmefähigkeit/ gute Nachrichten
RITTER	–	Wohnungswechsel/kreatives Bemühen
KÖNIG	–	Soziales Vorurteil und Engstirnigkeit
KÖNIGIN	–	Charisma und Anmut

Die Kelche (Wasser):

As der Kelche

Das As der Kelche zeigt neue emotionale Anfänge. Wenn die Klientin eine schwierige Zeit hinter sich hat, zeigt diese Karte einen neuen Beginn im Gefühlsleben und eine Erneuerung ihrer Zuversicht in Herzensangelegenheiten. Diese Karte zeigt auch die Anfänge psychischer Kraft, das Aufkommen der Intuition der Klientin als Quelle des Wissens. Hier ist auch die Erkenntnis der Wichtigkeit eines moralischen Zusammenhangs für ihre Interpretation, ihre geistigen Werte als Lebensgrundlage angezeigt. Da diese Karte die erste aus der Reihe der Wasserkarten ist, sind hier repräsentierte Kräfte noch nicht entwickelt und müssen genährt werden, wenn sie wachsen sollen. Es besteht die Möglichkeit der Schwäche als Unklarheit. Die Klientin hat jetzt erneut Gelegenheit, mit ihren Gefühlen in Berührung zu kommen und ihre schöpferische Vorstellungskraft zu erwecken. Freude erwartet sie.

Kelche II

Die Zwei der Kelche zeigt, daß die Liebe durch kosmisches Bewußtsein und/oder eine irdische Liebe in das Leben der Klientin tritt. Sympathie wird ihr mit emotionalen und intuitiven Kräften bei ihrem Wachstum helfen. Die Wirkung der Alchemie der Liebe kann in einer Vereinigung ihrer Gefühle mit ihrem spirituellen Vorhaben bestehen, einer Bindung, die durch Verstehen zustandekommt. Die beiden Himmelskörper – Mond und Sonne – mischen ihre unterschiedlichen Energien, strahlen Licht auf die tieferen Mysterien des Lebens. Die Klientin kann wie ein fernes Leuchten erahnen, welche mystischen Erfahrungen sie erwarten könnten.

Es besteht die Gefahr, romantische Liebe überzubetonen, ein Gefühlsüberschwang, der auf patriarchalischen Vorstellungen beruht. Vorsicht auch vor Besitzdenken.

Kelche III

Die Drei der Kelche ist die Karte der Schwesterlichkeit. Sie versinnbildlicht die emotionale Verbindung zu anderen Frauen und auch die Dreifache Göttin und die drei Grazien. Eine Klientin mit dieser Karte wird nicht einsam sein. Sie kann Glück und Feste in einem Geist von Liebe und Freundschaft erwarten. Diese Karte kann anzeigen, daß die Klientin mit dem Feminismus in Berührung kommt. Sie ist auch ein Zeichen für eine aufblühende Freundschaft mit einer Frau. Es ist auch die Entwicklung einer psychischen Kommunikation zwischen den Angehörigen einer kleinen Gruppe möglich.

Die Gefahren dieser Karte beinhalten Mißbrauch durch das Patriarchat, wie zum Beispiel die Annahme einer untergeordneten oder dienenden Rolle. Die Klientin kann sich auch emotional instabil fühlen, was ein Resultat aus all der dynamischen emotionalen Aktivität sein kann, die diese Karte anzeigt.

Suchen Sie in diesem Fall nach Erdkarten in dem Spiel und raten Sie der Klientin, sich darüber zu festigen. Vorsicht vor zu viel Wasser.

Abb. 3: Kleine Arkana – Drei Kelche

Kelche IV

Die Vier der Kelche heißt, auf die innere Stimme zu hören. Die Einheit, Harmonie, Ganzheit und Festigkeit – das ganzheitliche Gefühl, das die Klientin mit ihren Wasserenergien erlangt hat – werden ihr ein Gefühl von emotionaler Sicherheit und Frieden vermitteln. Ihre innere Stimme wird ihr alle nötige Führung geben, wenn sie Raum schafft, um sie zu hören. Das kann durch Meditationsübungen erreicht werden und durch Besuche bei heiligen Brunnen und Quellen oder anderen Stellen der Kräfte des Wassers. Diese Pilgerfahrten können zu spirituellen Visionen anregen; die Klientin muß sich allerdings vor Verträumtheit hüten. Mit dieser Karte ist Trance-Arbeit möglich.

Falls die Klientin ihren Geist nicht unterstützt, wenn diese Karte vor ihr liegt, wird ihr vermutlich langweilig werden und sie kann – als eine Form des Eskapismus – für Trunksucht anfällig werden. Der hungrige Geist, der abgelehnt wird, erzeugt ein elendes Gefühl, vor dem es kein Entrinnen gibt. Es ist wesentlich besser, unsere geistigen Bedürfnisse anzunehmen und sich ihnen zu stellen. Wir können dann hoffen, universelle Liebe und die Seligkeit eines vollkommenen Friedens zu erleben.

Kelche V

Die Fünf der Kelche repräsentiert emotionalen Verlust. Das kann eine Zeit von Traurigkeit sein, sogar von Depression, aber denken Sie daran: nur wenn Sie das auch zulassen, kann der Raum für eine Veränderung entstehen. Diese Karte zeigt die Loslösung von etwas, das geliebt worden war und nun vorbei ist; raten Sie der Klientin, sich selbst zu erlauben, diese Erfahrung jetzt zu akzeptieren, denn wenn sie sie jetzt abblockt, wird sie immer wiederkommen.

Der angezeigte Umbruch wird auch die intuitiven Kräfte der Klientin stark anregen und so den Weg für einen neuen Zugang zu psychischem Wissen bereiten. Es ist eine Zeit, in der Kummer und Verwirrung erlebt werden, damit der Schmerz schwinden kann und die tiefer darin liegenden, schöpferischen Kräfte angesprochen werden. Enttäuschung ist im Leben nicht zu vermeiden, verzweifeln Sie nicht.

Kelche VI

Die Sechs der Kelche zeigt harmonische Bewegung der Wasserenergien der Klientin an. Das bedeutet zunehmende intuitive Kräfte und auch emotionales Wachstum. Glück stellt sich in den gegenwärtigen Lebensbedingungen der Klientin durch Nachdenken über ihre vergangenen Erfahrungen ein. Sie fühlt, daß ihr emotionales Leben stärker wird. Die Klientin sollte sicher sein, daß sie genug Schlaf bekommt und ihren Träumen gestatten, ihr beim angenehmen Durchleben ihrer Veränderungen zu helfen. Eine Klientin mit dieser Karte könnte musikalische Fähigkeiten haben. Dies ist eine Karte über Bewegung, Fortschreiten, Leichtigkeit und Harmonie.

Die Gefahr bei dieser Karte liegt in übertriebener Nostalgie, die sich auf vergangenes Glück konzentriert und die gegenwärtige Realität ausschließt. Obwohl wir mehr über unsere Gefühle lernen können, wenn wir unsere früheren Erfahrungen mitbedenken, müssen wir doch in der Gegenwart leben. Halten Sie sich nicht mit vergangenen Beziehungen oder intuitiven Kräften auf, die Sie durch einen Mangel an Disziplin verloren haben. Lernen Sie, ohne Romantizismus zu leben; seien Sie gelassen und bleiben Sie es.

Kelche VII

Die Sieben der Kelche repräsentiert eine breite Streuung emotionaler Energie und ein Schwelgen in Phantasie. Sieben ist der magische Schlüssel, und bei disziplinierter Anwendung ist die Klientin in der Lage, sich die Realität zu schaffen, die sie sich wünscht. Ein mystisches Erlebnis kann der Klientin bevorstehen. Wenn die Sieben als Quelle der Stimulation und Erregung genutzt wird, kann die Sieben der Kelche eher emotionelle Verzweiflung und Verblendung anzeigen als starke intuitive Kräfte und geistige Inspiration. Drogengebrauch, der das Bewußtsein vernebelt, kann hier auch gemeint sein. Es ist wichtig, die Unterschiede zwischen Einbildung, schöpferischer Vorstellungskraft und Phantasie kennenzulernen.

Kelche VIII

Die Acht der Kelche zeigt an, daß die Klientin sich tiefem Wissen über sich selbst nähert. Wer sich nach innen wendet, um sich selbst in den tiefen inneren Wassern zu spiegeln, die kann diese Karte an die Notwendigkeit psychischen Schutzes erinnern und auch daran, wie wichtig es ist, unsere Chakras jeden Tag zu schließen. Das kann jeden Morgen durch Visualisierung vor dem Aufstehen geschehen. Das Individuum hat hier die Möglichkeit, die wahre Erleuchtung des Weges zu erleben und bei den kreativen Impulsen, die sie genährt hat, die beginnende Verwirklichung ihres Potentials zu fühlen. Diese Karte zeigt, daß die Klientin vielleicht ihrem spirituellen Ziel näherkommt. Auch eine Reise über Wasser kann dabei gemeint sein.

Wenn diese Karte negativ aspektiert ist, kann sie anzeigen, daß die Klientin einem falschen Weg folgt, weil sie die erhaltenen psychischen Informationen falsch interpretiert oder von den Schatten irregeleitet ist oder nicht auf der festen Oberfläche geht. Verstärkte intuitive Kräfte können zerstörerisch wirken, wenn sie nicht durch sinnvolle Einsicht und Bindung geleitet werden.

Kelche IX

Die Neun der Kelche zeigt ein klares intuitives Bewußtsein und starke, unmittelbare, emotionale Energie an. Die Klientin wird sich sehr angeregt fühlen und die Kräfte lebendiger Spiritualität in ihrem Leben erfahren. Sie könnte jetzt Zugang zu Erinnerungen an frühere Leben haben. Glück wird sich einstellen. Dies ist eine Karte der Zufriedenheit.

Die Gefahr liegt in spiritueller Trunkenheit oder egozentrierter Selbstprüfung. Die Kraft, die die Klientin mit dieser Karte erlangt, wird nicht von Dauer sein, wenn sie sie nur zum persönlichen Nutzen einsetzt. Hüten Sie sich auch vor exzessivem Gefühlsleben oder Sentimentalität. Die Zufriedenheit, die die Erfüllung der Kelche IX bringt, kann die Bindung der Klientin untergraben.

Kelche X

Die Zehn der Kelche zeigt, daß die Klientin eine Menge Menschen glücklich machen muß. Diese Situation vermittelt ihr ein Gespür für emotionale Stabilität, verbraucht jedoch den größten Teil ihrer kreativen Energie, die sie anders fruchtbringender nutzen könnte. Ihr Ärger über diese Unterdrückung wird sie wahrscheinlich dazu bewegen, einiges zu verändern, um etwas von ihrer emotionalen und intuitiven Kraft für sich selbst zu nutzen.

Diese Karte soll glückliche Familien anzeigen und kann als Zeichen für Gemeinschaften von Lesbierinnen interpretiert werden. Auf die emotionalen Bedürfnisse anderer in einer verstimmten Atmosphäre einzugehen, schließt die Entwicklung psychischen Wahrnehmungsvermögens ein.

Page der Kelche

Der Page der Kelche steht für die innere Stimme, die beim Lesen und Schreiben von Poesie vernommen werden kann. Diese Stimme kann die Klientin in ihrem Leben leiten, und sie wird Nutzen daraus ziehen, wenn sie auf sie hören kann. Auf diese Weise wird die Klientin auch anfangen, ihre psychischen medialen Kräfte zu entwickeln. Ihre emotionale Empfindungsfähigkeit wird eine Klientin mit dieser Karte für den

Fluß der Energie in der Atmosphäre ihrer Umgebung aufnahmebereit machen. Sie kann auch in Kontakt mit ihrem Unterwußtsein stehen und den Glauben spüren, der sie durch viele Leben begleitet hat. Mystische Erfahrungen können durch Meditation gesteigert werden.

Der Page der Kelche repräsentiert auch junge Liebe – die Zuneigung eines jungen Menschen oder Tieres, die zarte Liebe einer neuen Beziehung oder die unaufdringliche Zuwendung einer engen Freundin.

Da er in seinen Gefühlen leicht verletzbar ist, kann dem Pagen der Kelche die Reife der Erfahrung fehlen, die uns lehrt, uns selbst zu schützen. Eine Klientin mit dieser Karte kann zu romantischem Verhalten neigen und durch Illusionen verwirrt werden, die nur Spiegelungen ihrer Wünsche sind.

Ritter der Kelche

Der Ritter der Kelche trägt den Kelch mit dem Wein des Lebens in die Welt hinaus und bringt damit die Botschaft von psychischer Ganzheit, Liebe und Frieden. Diese Klientin ist auch jemand, die anderen Freude bringt, aber sie kann gefühlsmäßig verschlossen sein und deshalb von solchen Erfahrungen unbewegt bleiben. Solche Freude kann, auch wenn sie nicht wirklich geteilt wird, nichtsdestoweniger das Glück in der Welt vermehren; und der Wunsch der Klientin, Gefallen zu bereiten, ist echt, auch wenn ihre Motive unklar sind. Es kann sein, daß sie an Stelle der Wahrheit Illusionen anbietet.

Diese Karte versinnbildlicht die Verführerin, jemanden, die mit ihrer emotionalen Kraft andere überschwemmt, mit Romatizismus verwirrt und sich im Meer ihrer eigenen Realität Wind und Wellen preisgibt. Es ist möglich, andere mit dem Versprechen von spiritueller Erleuchtung zu verführen – ein oft probiertes Spiel, das gerade jetzt mit dem beginnenen Neuen Zeitalter und der zunehmenden Anzahl und

Intensität echter und falscher Suchender sehr populär ist. Eine Klientin mit dieser Karte muß ihre Absichten überprüfen und sich der Prinzipien bewußt sein, denen sie dient. Das Ego kann sie versuchen, und ihre Wünsche können drohen, ihre Urteilskraft zu überwältigen. Die Klientin belügt vielleicht andere über ihre Gefühle, oder sie ist vielleicht mit ihren wahren Gefühlen nicht in Übereinstimmung.

König der Kelche

Der König der Kelche repräsentiert emotionale Kontrolle. Emotionale Selbstkontrolle ist eine hilfreiche Übung in der eigenen Entwicklung und ist nicht leicht ohne Verlust des Kontaktes mit unseren Gefühlen zu erreichen. Die Erlaubnis zu fühlen, was wir fühlen, ist der Gesellschaft erst seit kurzem durch die Wachstumsbewegung gegeben worden, und viele Menschen sind, von der Psychologie ermutigt, von ihren Gefühlen überflutet. Eine solche Überbetonung des Wassers ist die letzte Wiedererweckung vor dem Ausklingen des Zeitalters der Fische; in diesem Zeitalter erschien zu starke Wasserkraft oft als Jammer und Schuld. Die Gefahr dieser Karte liegt darin, Schuld als Mittel zu nutzen, um emotionale Kontrolle über sich oder andere zu erlangen. Schuld ist im Leben so sinnlos wie Jammer, beide führen nur dazu, den Energiefluß zu blockieren. Tatsächliche emotionale Kontrolle beinhaltet eine Elastizität, die emotionale Verantwortlichkeit ohne Übertreibung oder Gefälligkeit unterstützt. Mit dieser Karte ist emotionale Unehrlichkeit möglich.

Wenn diese Karte positiv aspektiert ist, zeigt sie auch eine Klientin, die nicht länger in Überschwang einer spirituellen Exotik gefangen ist. Auch wenn Rigidität und Dogmatismus angezeigt werden, kann die Klientin mit dieser Karte diese Art von Inflexibilität in emotioneller oder psychischer Energie brauchen, um erfolgreich mit den Anforderungen fertig zu werden, die in ihrer momentanen Situation an sie gestellt werden.

Königin der Kelche

Die Königin der Kelche stellt jemanden dar, die in der Lage ist, sich und denjenigen um sie herum emotionale Sicherheit zu vermitteln. Eine Klientin mit dieser Karte ist im Einklang mit ihren Ying-Energien und findet vielleicht, daß andere zu ihr kommen und sie um Rat in Gefühlsdingen bitten. Da die Königin der Kelche sensibel für die Vibrationen der Atmosphäre ist, kümmert sie sich um die Empfindungen anderer, ist verantwortungsbewußt ihren Bedürfnissen gegenüber und wohlwollend als Leitende. Sie empfängt die Liebe der Menschen ihrer Umgebung. Ein Ausdruck von Gelassenheit umgibt diejenige, die diese Karte hat.

Dies ist eine Karte über Kreativität, die sowohl künstlerische Vorstellungskraft als auch entwickelte psychische Kraft anzeigt. Wenn sie in bester Verfassung ist, kann die Klientin eine Vielzahl von Phänomenen und Gefühlen erleben, ohne das Gespür für ihre eigene Identität zu verlieren. Sie lernt viel Freude und Glück im Leben kennen. Die Klientin ist ihre eigene Herrin und erhält göttliche Inspiration. Der Kelch mit dem Wein des Lebens wird denjenigen großzügig angeboten, die den Mut und die Disziplin haben, um daran teilzuhaben, und der Kessel von Cerridwen wird denen die Mysterien enthüllen, die die Intuition besitzen, um ihre Bedeutung zu erschließen.

Wenn die Karte umgedreht liegt oder schlecht aspektiert ist, kann sie jemanden zeigen, die ihren Emotionen und Vorstellungen gegenüber zu nachsichtig, und wegen ihrer ständig wechselnden Stimmungen unfähig zu kreativen Tätigkeiten ist. Ein solcher Mensch kann launenhaft sein und sich emotionale Beziehungen vorstellen, die andere nicht wahrnehmen. Romantizismus ist durchaus eine Schwäche, und die Klientin kann zu Selbstmitleid neigen. Eine Tendenz, andere mit der Kraft und Unwägbarkeit ihrer Stimmungen zu beherrschen, kann ebenfalls angezeigt sein.

Die Schwerter (Luft):

As der Schwerter

Das As der Schwerter zeigt einen Sieg an, das Durchtrennen alter Beziehungen, um in der Luft etwas Neues zu beginnen. Eine Weihe kann damit gemeint sein. Die Klientin kann in ein neues Studiengebiet eintreten. Sie wird ihre mentalen Kräfte als sehr lebhaft empfinden, vielleicht eine erfrischende Veränderung nach einer Zeit von Schwierigkeiten. Diese Karte kann auch auf einen neuen Weg der Wahrnehmung der Realität hinweisen, den Beginn eines neuen mentalen Verständnisses und neuer Denkweisen. Sie kann auch den Anfang okkultistischer Studien und die Einbeziehung esoterischen Wissens anzeigen. Das As der Schwerter repräsentiert die Saat neuer Ideen. Wenn Sie sie nähren, werden sie wachsen.

Die Gefahr in dieser Karte ist eine Überbetonung des Intellekts, die die Harmonie des Ganzen stört. Während Nachdenken ein wertvoller Prozeß ist, steht die Anwendung der Logik, einer patriarchalischen Form, den Kräften des Lebens entgegen. Wenn jemand einen klaren Blick entwikkeln möchte, muß sie die Luft mit den anderen Elementen in Einklang bringen. Die neue Vision der Klientin kann ein Gefühl der Isolation erzeugen. Achten Sie auf eine Krankheit, die entstehen kann, wenn nicht entsprechende Vorsorge getroffen wird.

Schwerter II

Die Zwei der Schwerter zeigt einen mentalen Konflikt an, der auf der Anstrengung beruht, gegenläufige Ansichten oder Ideen in sich selbst auszugleichen. Die totale Ruhe völliger Balance erfordert völlige Konzentration – das ist eine Inanspruchnahme im eigenen Denken, die die Aufnahme von irgend etwas außerhalb liegendem ausschließt, wie auch alles, was innerhalb über das Vorhandene hinausgeht. Diese Empfindung echten Gleichgewichts kann auch eine Form von Betrug sein, ein Weg, um sich selbst oder andere zu belügen. Übereinstimmung kann angezeigt sein. Diese Inanspruchnahme kann auch zu falschen Darstellungen von Zuneigung oder Interesse anderen gegenüber führen, die aus dem Bedürnis entstehen, physikalische oder emotionale Hilfe zu vermeiden, um in sich selbst versunken zu bleiben.

Dieser Gleichgewichtszustand durch Blindheit, Rückzug in sich selbst, Ruhepausen und verstärkte Stille ist nur zeitlich begrenzt und ist verbunden mit dem neuen Mond, der immer Wechsel und Wachstum fördert. Es kann notwendig sein, in dieser Zeit einen inneren geistigen Konflikt zu verhindern, um nötige Energie in andere Bereiche des Lebens der Klientin zu bringen. Die Klientin kann die Gelegenheit, die durch diese mentale Lähmung geboten ist, wahrnehmen, um eine Form der Meditation zu lernen, eine Übung, die geistigen Stillstand nutzt. Die Unentschiedenheit der Situation der Klientin kann Vorsicht beinhalten. Sie kann sich schizophren fühlen.

Schwerter III

Die Drei der Schwerter stellt die Verbindung mit den geistigen Energien anderer dar. Lesen oder Gespräche können die Quelle dieser Verbindung sein, ein Zusammentreffen der Ideen kann auch durch okkultistische Arbeit oder Übungen innerhalb der mentalen Sphäre zustande kommen. Die Anregung, die aus dieser Verbindung gespeist wird, wird der Klientin helfen, Fortschritte in ihrem Verständnis der Realität zu machen. Sie könnte auch feststellen, daß sie ihre eigenen Kontakte verändert, um neue Gedanken aufzunehmen.

Die traditionelle Abbildung auf dieser Karte, ein von Schwertern durchbohrtes Herz, ist ein Symbol für die Jungfrau Maria, wie Anne Kent Rush in ihrem Buch *„Moon,*

Moon" dargelegt hat. Dieses Bild stellt die patriarchalische Art des Denkens dar, das die Gefühle ablehnt, wo die Wissenschaft die Welt zerstört. Gearhart und Rennie erinnern uns hier an das patriarchalische Paradox von romantischer Liebe und Gewalt. Das Schwert wurde in unserer gegenwärtigen Gesellschaft nur zu einem Instrument der Zerstörung. Wir müssen die kreative Macht des kraftvollen Durchbruchs zu klarer Erkenntnis fordern, und die Notwendigkeit eines kalten, harten Blicks akzeptieren, wenn er für unser Wachstum erforderlich ist. Nur wenn sie bar aller anderen Elemente ist, zeigt eine solche Schwertkarte Gefahr, verborgene Feinde, Gewalt oder Krankheit an. Der geistige Aspekt unserer Existenz muß wieder auf einer harmonischen Basis in unser Leben integriert werden.

Wenn diese Karte schwach aspektiert ist, kann sie die patriarchalischen Tendenzen andeuten, auf die ich bereits hingewiesen habe. Die Drei der Schwerter kann auch exzessive mentale Stimulation anzeigen, die Verwirrung hervorrufen kann. Eine Veränderung im Denken der Klientin kann der Anlaß zu Unstimmigkeiten mit anderen sein und zur Auflösung von Partnerschaften führen. Eine Klientin mit dieser Karte wird sich nicht notwendigerweise „fleischlich" mit anderen Menschen verbinden, sondern ihre Ideen über Bücher, Lesungen und Diskussionen verbreiten, während sie Astralreisen unternimmt oder durch okkultistische Erfahrungen verreist.

Schwerter IV

Diese Karte zeigt die Kombination verschiedener Gesichtspunkte zu einer neuen Sichtweise des Lebens an. Als notwendiger Schritt der alchemistischen Transformation symbolisiert das Entstehen eines weiter gefaßten Verständnisses geistiges Wachstum. Es ist eine Zeit mentaler Festigung, wenn die Klientin verarbeitet, was sie in der letzten Zeit gelernt hat. Einheit und Harmonie verschiedener Köpfe wird angezeigt, obwohl die Klientin tatsächlich vielleicht allein arbeitet.

Wenn diese Karte schwach aspektiert ist, zeigt sie geistige Trägheit und eine unkritische Aufnahme der Meinungen anderer an. In dieser Hinsicht ist teilweise das kirchliche Dogma gefährlich, eine kritische Analyse biblischer Lehren wird eine Wiedergeburt des Denkens in einer neuen Sphäre einleiten.

Schwerter V

Die Fünf der Schwerter repräsentiert geistiges Durcheinander, eine Umwälzung in den Ansichten der Klientin. Bedrohungen oder Klatsch können der Grund dafür sein. Verlust oder Tod können angezeigt sein – das ist abhängig von anderen aufliegenden Karten und von Ihrem „Gefühl" für diese Beratung.

Diese Karte zeigt auch den Friedensstifter. In ihrer besten Verfassung kann diese Person Schwerter zu Pflugscharen machen. In schwacher Umgebung repräsentiert diese Karte Notlügen, indem sie zwar angibt, was notwendig ist, um den Frieden zu bewahren, um alles in Ruhe seinen Gang gehen zu lassen, jedoch ungeachtet der Wahrheit hinter den Dingen oder des Schmerzes, den sie zufügen könnten. Die Klientin wird das Gefühl haben, das Beste zu tun, aber das ist nur in einer oberflächlichen Analyse richtig. Diese Falschheiten werden auf sie zurückfallen, und dem Umbruch, den diese Karte anzeigt, kann sie nicht entgehen. Ihr feiges Verhalten kann zu Mißstimmungen führen.

Der Bruch ist notwendig, da die Klientin noch nicht gelernt hat, ihre Gedanken zu kontrollieren, und sie noch von falschen Ansichten über die Realität fehlgeleitet wird. Hier ist eine Gelegenheit geboten, einen neuen Anfang zu finden.

Schwerter VI

Die Sechs der Schwerter zeigt spirituelle Regeneration. Dies ist eine der stärksten Karten der Kleinen Arkana. P. C. Smith zeichnet hier die Reise über das Wasser, die immer schon, seit dem Paläolithikum, der Steinzeit, den Wechsel von einem Zustand in einen anderen symbolisierte. Das harmonische Wachstum mentalen Verständnisses und die klarere Aufnahme okkultistischen Wissens, auf die hier hingewiesen wird, lassen eine wichtige Bewegung in der Spirale der persönlichen Entwicklung der Klientin erkennen. Vielleicht möchte sie dieses neue Wissen denen mitteilen, die ihr nahestehen und ihren Idealismis teilen. Die mentale Veränderung der Klientin wird ihr zu einem neuen Verständnis der Herausforderungen in ihrem eigenen Leben verhelfen.

Diese Karte kann auch ein Wegbewegen von schwierigen Lebensproblemen anzeigen, um sich auf eine innere Reise zu konzentrieren. Nur wenn uns unsere innere Stärke hilft, unsere äußeren Schwierigkeiten zu lösen, so daß wir in Frieden leben können, können wir tatsächlich von einer Veränderung sprechen. Wer sich weigert, Lehren zu akzeptieren, läßt eine Gelegenheit zu wachsen willentlich vorbeigehen. Eine solche Verschwendung bringt die Öko-Harmonie des Kosmos durcheinander.

Schwerter VII

Die Sieben der Schwerter bedeutet, den Schleier der Illusion zu durchtrennen, um eine unmittelbarere Wahrnehmung der Realität zu erzielen. Die gesamte vergangene Erfahrung der Klientin hat sie jetzt auf den Punkt gebracht, daß sie ohne Verzerrung die Wirklichkeit ihres Alltagslebens sehen kann. Dieses Wissen wird ihren Erfolg vergrößern. Voraussicht und Geschick sind geraten, wenn sie es mit einem mächtigen Gegner zu tun hat. Analyse und Kritik bestärken ihre schöpferischen Kräfte der Visualisierung, und ihre Bemühungen sind auf die Gestaltung der Zukunft gerichtet.

Diese Karte kann auch Gaunerei darstellen, das kann nur die Klientin selbst feststellen. Vorsicht, besonders vor den Tücken des Denkens.

Abhängig von den anderen aufliegenden Karten und deren Positionen kann eine chirurgische Behandlung angezeigt sein.

Schwerter VIII

Die Acht der Schwerter im P.-C.-Smith-Deck zeigt eine Hexenwiege, die nichtkörperliches Reisen erleichtern soll. Die okkultistische Aufnahmefähigkeit der Klientin nimmt zu, und sie befindet sich an der Grenze zu einem Durchbruch zu esoterischem Verstehen. Die Antworten auf ihre Fragen wird sie durch ihre Erfahrungen während astraler Reisen erhalten. SCHLAFEN SIE AUSREICHEND. Obwohl sich die Klientin näher auf ihr gewähltes Ziel zubewegt, ist in ihrem Denken ein Knoten. Erinnern Sie sich daran, daß solche Verwirrung, Blindheit und mangelndes Verständnis oft vorausgehen, bevor eine neue Sichtweise entsteht. Andere kritisieren sie vielleicht, und sie ist eventuell auch selbst sehr kritisch. Nichtsdestotrotz ist sie auf dem richtigen Weg, wie verschiedene Hinweise zeigen. Haben Sie Vertrauen, und geben Sie nicht auf. Erinnern Sie sich daran, mehr zu schlafen, wenn diese Karte erscheint.

Schwerter IX

Die Neun der Schwerter zeigt das reine, schöpferische Fließen mentaler Energie. Die Klientin kann sich ohne Anstrengung konzentrieren und hat deutlichen Einblick in das Wesen der Realität. Sie wird wahrscheinlich eine regelmäßige Meditationspraxis für sich entwickelt haben, die ihr hilft, ihr Denken zu lenken und Verwirrung zu vermeiden. In ihrem Studium der Astrologie wird sie vermutlich gut fortgeschritten sein, und sie begrüßt den Einfluß der Sterne auf ihr Leben. Ihre erhöhte Wahrnehmung befähigt sie, ihre Energien zu nutzen, um ihre eigenen Vorstellungen voranzubringen. Ihre wache Vorstellung und ihr klares Verständnis befähigen sie, potentiell konfliktträchtige Gesichtspunkte zu harmonisieren.

Es besteht die Möglichkeit, durch Streß und Ängstlichkeit erschöpft zu werden. Übertreiben Sie nichts, und geben Sie sich nicht irgendwelchen Vermutungen hin, da dies zu falschen Vorstellungen führen kann und zu einer Unfähigkeit, Zeichen zu deuten. Diese Karte kann für diejenigen bedeuten, nachts alleine zu weinen, die nicht in der Lage sind, mit den Kräften ihres eigenen Denkens ins reine zu kommen.

Schwerter X

Die Zehn der Schwerter zeigt überaus starken mentalen Ballast, den die Klientin loswerden muß, wenn sie wachsen will. Fixe Ideen über die Wirklichkeit halten die Klientin davon ab, das Leben als das zu sehen, was es ist, und ein überlastetes Gehirn bedeutet, daß sie keinen Freiraum hat, um zu lernen. So schafft sie sich selbst Kummer, obwohl sie ihre Sorgen auf ihre Bedingungen zurückführen könnte. Überstrukturierte mentale Einstellungen engen sie ein, und sie versucht auch, ihre Ideen anderen aufzudrängen.

Zehn der Schwerter ist die stärkste Verlustkarte in der Kleinen Arkana. Eine große Veränderung in der Wahrnehmung der Klientin und in ihrer Lebensschätzung kündigt sich an. Sie erlebt diesen Tod einer Art zu denken vielleicht als eine Niederlage, wird jedoch bald feststellen, daß sie offener geworden ist. Dieser geistige Hausputz wird bedeuten, in einem Bereich loszulassen, dessen Nutzen ausgeschöpft ist.

Wenn Sie Studentin sind, zeigt diese Karte geistige Überlastung an aufgrund der Informationen, die Sie bekommen haben, sie kann jedoch auch Erfolg in Ihren Prüfungen voraussagen.

Wenn Sie mit psychischer Arbeit zu tun haben, kann diese Karte Ihre Ängste vor einem Angriff zeigen, der von hinten kommen kann, wo Ihre Aura flexibler ist. Diese Karte ist eine Erinnerung daran, Ihre Aura zu versiegeln und notwendige Maßnahmen zu treffen, um sich selbst zu schützen. Hüten Sie sich in der Auseinandersetzung mit dem Patriarchat davor, maskuline Definitionen dieses Kampfes anzunehmen.

Page der Schwerter

Diese Persönlichkeitskarte repräsentiert Offenheit für neue Ideen und kann anzeigen, daß die Klientin in eine Zeit des Lernens eingetreten ist, vielleicht über Astrologie oder eine andere okkultistische Wisssenschaft. Bei einem Individuum, das die Sprache als nützliches Werkzeug betrachtet, deutet diese Karte auf die Fähigkeit hin, klar über komplizierte Sachverhalte nachdenken zu können. Diese Klientin hat einen klaren Verstand und genießt die Stimulation durch geistige Aktivität. Solch eine Person ist eine überaus lebhafte Denkerin. Botschaften können erwartet werden.

Der Page der Schwerter kann auch Klatsch bedeuten, eine Form, auf andere hinabzusehen, die zersetzend ist und soziale Harmonie zerstört. Die Klientin kann sich ihrer sozialen Umgebung gegenüber nachtragend verhalten. Da Frauen so lange wirkliche Einflußnahme abgesprochen wurde, tendieren sie wegen der Frustrationen eines eingeengten Lebens leicht zu bösartiger Kleinlichkeit. Der Wunsch nach Rache kann durch ein Mittel aus Stechpalmenblüten* gelindert werden. Wenn die Klientin allerdings vor allem selbstsüchtig ist, muß sie, wenn sie sich verändern will, ihre Vorstellungen

* Eines der Mittel der Bach-Blüten-Essenzen, die im Zusammenhang mit der Persönlichkeit und geistigen Zuständen wirken.

überprüfen. Denken Sie daran: Alles, was Sie irgendwie geben, kommt verstärkt zu Ihnen zurück.

Eine Klientin mit dieser Karte möchte vielleicht, daß andere denken wie sie selbst, und sie wird deshalb versuchen zu führen, noch bevor sie dazu in der Lage ist. Es ist auch möglich, daß sie zu leicht von den Ideen anderer beeinflußt wird, dagegen hilft ein Mittel aus Walnußblüten.

Ritter der Schwerter

Der Ritter der Schwerter ist darauf vorbereitet zu kämpfen, wenn es notwendig ist. Sie ist gepanzert und bewaffnet – geschützt und verteidigt – und hat die Kraft des Glaubens an ihre Ideen, um daraus Stärke zu ziehen. Ihr Vertrauen in ihre eigene Art zu denken ist so stark, daß sie versucht ist, andere zu zwingen, so wie sie zu denken, und sie kann Schwierigkeiten damit haben, andere Standpunkte zu akzeptieren. Eine Klientin mit dieser Karte weiß, daß Ideen die Kraft haben, die Welt zu verändern, und sie trägt ihre Gedanken in die Welt hinaus, um die Richtungen dieses Wechsels zu beeinflussen. Als dynamischer Mensch erreicht sie oft, daß andere ihre Ideen mit ihr teilen.

Der Ritter der Schwerter kann für neue Ideen verschlossen und fixiert auf die eigenen sein. Diese Festlegung wird von der Heftigkeit ihres Kämpfens verdeckt, aber wenn dieser Zustand zu lange bestehen bleibt, werden daraus die Sturheit und der Dogmatismus des Königs. Die Klientin muß sich sicher sein, daß sie nicht nur aus Beschränktheit und gestützt auf gespielte Tapferkeit handelt. Sie muß sich dessen bewußt sein, daß sie, um ihre Ziele zu erreichen, möglicherweise andere einschüchtert, und muß das dann im Licht ihrer Vorstellungen beurteilen. Dieses Individuum ist ungeduldig und braucht ständig Anregungen. Sie wird Dinge anfangen, die sie nicht zu Ende führen kann, taub für die klugen Ratschläge anderer.

König der Schwerter

Der König der Schwerter repräsentiert Engstirnigkeit, stures Denken und Kontrolle durch die Androhung gesetzlicher Strafen. Eine Klientin mit dieser Karte ist in ihren mentalen Haltungen unflexibel und nicht fähig, neuartige Zugänge zu Schwierigkeiten in ihrem Leben zu finden. Da sie vielleicht Angst vor einem geistigen Zusammenbruch hat, ist die Klientin in ihren Äußerungen rechthaberisch und dogmatisch und versucht, eine strenge Kontrolle ihres Denkens zu bewahren. Mentale Selbstkontrolle kann natürlich von Vorteil sein, wenn sie ohne Angst oder Drohung ausgeübt wird, und diese Karte kann anzeigen, daß die Klientin ihre mentalen Kräfte zurückgewinnt.

Diese Karte kann etwas über einen Rückgriff auf das Gesetz aussagen und eine Klientin darstellen, die autoritär ist und an den positiven, sozialen Wert der Aufrechterhaltung von „Recht und Ordnung" glaubt. Ein solches Individuum wird in seinem Denken strikt logisch vorgehen und allem Irrationalen gegenüber mißtrauisch sein. Sado-Masochismus ist bei dieser Karte möglich und Grausamkeit ein übliches Attribut. Wenn es darum geht, daß die Klientin mit dem Rechtssystem zu tun hat, zeigt die Karte jemanden, die ihre Frau steht und sich ohne Zittern verteidigen kann.

Königin der Schwerter

Die Königin der Schwerter hat eine klare Wahrnehmung der Realität und den Mut, die Wahrheit zu sagen. Deshalb wird sie oft allein sein und ein Gefühl von Isolation erfahren. Nicht viele Menschen können die Wahrheit vertragen, und diese Klientin wird eher ihre Einsamkeit akzeptieren als Kompromisse über ihre Sicht der Dinge einzugehen. Ihre Urteile sind sehr gerecht, obwohl sie dazu tendiert, streng zu sein und sie muß sich an die Schwachheit der menschlichen

Natur erinnern, wenn sie bei ihrer Urteilsfindung gütig sein möchte. Wahrscheinlich wird sie zu sich selbst am härtesten sein.

Als willensstarke und intelligente Persönlichkeit bezieht die Klientin ihre Kraft aus ihrem Wissen und Verständnis. Andere erkennen ihre Autorität an. Diese Karte kann eine erst vor kurzem verwitwete Frau repräsentieren. Eine Klientin mit dieser Karte muß sich davor hüten zu verbittern und auf alle Tendenzen achten, sich von anderen zu entfernen.

Falls diese Karte schwach aspektiert ist, kann sie auf ein rücksichtsloses Wesen hinweisen, das Rache üben möchte und Mitleid nicht kennt. Auch eine Frau, die in patriarchalischen Lebensweisen und Werten aufgeht, kann gemeint sein, eine, die ihre Sensibilität in der Enge angepaßten Verhaltens verloren hat. Diese Klientin könnte Militarismus unterstützen und ihre Kräfte mit Grausamkeit einsetzen.

Die Münzen (Erde):

As der Münzen

Das As der Münzen repräsentiert einen neuen materiellen Anfang, gleichsam an der Tür des Gartens stehend. Die Klientin erlebt eventuell eine Veränderung ihrer materiellen Bedingungen, möglicherweise erhält sie unerwartet Geld. Nach einer Krankheit kann sie sich physisch erfrischt fühlen. Ein neues Erdbewußtsein ist angezeigt. Die Klientin hat erkannt, wie wichtig es ist, die Integrität der Erdmutter zu respektieren und harmonisch mit ihr zu leben. Sie hat auch das spirituelle Dogma der „Transzendenz des Physikalischen“ als Teil des patriarchalischen Versuchs erkannt, Frauen abzulehnen und sie unten zu halten. Die Klientin lernt, ihren Körper zu pflegen, sich selbst und die Erde als unterschiedliche Aspekte aller Frauen zu ehren und so Kraft zu gewinnen, um bei unser aller Befreiung mitzuhelfen. Diese Karte repräsentiert auch magischen Schutz, den jemand erhält, die die Existenz unsichtbarer Kräfte kennenlernt.

Ist diese Karte schwach aspektiert, kann sie auf das Streben nach irdischer Macht und materiellem Einfluß hinweisen, die in sich selbst enden. Die Instabilität dieser Karte kann bedeuten, daß die Klientin irregeführt, und aufgrund ihrer Unerfahrenheit und Naivität unfähig ist, den Wald vor lauter Bäume zu sehen.

Münzen II

Die Zwei der Münzen zeigt eine Klientin, die in sich selbst bei ihrem Solarplexus (Sonnengeflecht, d. Ü.) eine neue Kraftquelle aufbaut. Sie fühlt die Stärke einer Integration ihres materiellen in das spirituelle Leben und den Lohn physischer Disziplin. Als Narr der Kleinen Arkana hat dieses Individuum die Fähigkeit, Weisheit zu erlangen und seine Kraft in Verantwortung für das Wohl der Frauen zu nutzen. Diese Karte zeigt auch an, daß Geld verdient wurde und die praktischen Fähigkeiten, die der Klientin zur Verfügung stehen, gewürdigt wurden.

Diese Karte kann auch verwegene Ungläubigkeit gegenüber Ratschlägen darstellen. Die Klientin bereitet sich vielleicht selbst Schwierigkeiten, indem sie sich weigert, die materiellen Realitäten ihrer Situation anzuerkennen. Ihr Appetit auf sinnliche Erfahrungen kann im Widerstreit mit ihrem Wunsch nach kosmischem Bewußtsein liegen.

Münzen III

Die Drei der Münzen zeigt Zusammenarbeit mit anderen an, die ihren Überzeugungen materiellen Ausdruck verleiht. Dieses Zusammentreffen über den materiellen Bereich schließt das Vorhandensein der notwendigen Quellen ein. Auch Geld für das Land der Frauen kann gemeint sein.

Ist diese Karte schwach aspektiert, so repräsentiert sie

schlecht gewählte Beschäftigung, vielleicht ein Projekt, das jetzt noch nicht erfolgreich sein kann oder das den Interessen des Patriarchats dient.

Münzen IV

Die Vier der Münzen ist eine Karte materieller Stabilität. Einigkeit und Harmonie mit der Welt der Dinge und ein Gefühl physischer Sicherheit und Erfüllung werden damit angezeigt. Diese Karte zeigt Geschenke, die frau erhält. Die Klientin hat alles, was sie materiell benötigt, und sie muß es bewahren. Unser Körper ist das erste Geschenk, das wir in diesem Leben erhalten, und diese Karte erinnert uns daran, für ihn zu sorgen. Stellen Sie sicher, daß Sie genügend Ruhe bekommen. Nur wenn wir unseren Körper pflegen und nähren, können wir erwarten, daß er uns bei der Magie, in physischen Auseinandersetzungen, während der langen Lebensreise zuverlässig dient. Diese Karte sagt der Klientin, mehr zu schlafen.

Die Schwäche dieser Karte ist Faulheit, die Angewohnheit, wie in einer Stellung festgehalten, unbeweglich zu bleiben. Die Klientin mit dieser Karte kann auch die Neigung zum Hamstern haben, gierig das festzuhalten, was sie hat. Solch ein Verhalten wird wahrscheinlich Verlust in ihrem Leben bewirken; wir schaffen wesentlich mehr Möglichkeiten, etwas zu empfangen, wenn wir offen sind und bereit, Energien fließen zu lassen.

Münzen V

Die Fünf der Münzen repräsentiert einen Umbruch im materiellen Leben der Klientin und eine Veränderung der Art und Weise, wie sie ihr physisches Selbst der Welt darstellt. Das können ein Berufswechsel oder ein Umzug oder eine neue

Frisur sein – das letztere ist ein sehr wichtiger Aspekt unserer physischen Selbstdarstellung in der Welt. Die materielle Erschütterung, die hier angezeigt wird, kann der Klientin ein Gefühl vermitteln, als ob sie in der Kälte stünde. Sie sollte sich daran erinnern, daß diese Umwälzung notwendig ist und Raum schaffen wird, damit etwas Neues in das Leben der Klientin treten kann. Sie ist jetzt in der Lage, eine neue Form der Existenz zu lernen.

Dieser dramatische Wechsel kann aus einem Fehlverhalten der Klientin resultieren und kann zerbrochene Knochen andeuten. Auch finanzieller Streß ist bei dieser Karte wahrscheinlich. Diese Karte kann spirituellen Hunger andeuten, der aus der Entfremdung der Klientin von den Kräften des natürlichen Lebens entstanden ist.

Münzen VI

Die Sechs der Münzen weist auf Zusammenarbeit bei materiellen Dingen hin und auf geteilte, materielle Vorräte. Das Wissen um die gegenseitigen Verbindungen zwischen allem Seienden wird das Verhältnis der Klientin zu ihrer Umgebung gestalten. Sie wird sich der Bedürfnisse des Planeten bewußter und bereit werden, diesem Bewußtsein in ihrem Handeln mehr als in der Vergangenheit zu folgen. Diese Karte zeigt, daß sich die materiellen Umstände der Klientin jetzt langsam bewegen und sie in ihrem Wachstum unterstützen. Sie wird ausreichende materielle Rücklagen haben, um ihre Bedürfnisse zu befriedigen. Vielleicht macht die Klientin eine Erbschaft.

Die Gefahren bei dieser Karte sind Märtyrertum oder Bemuttern von anderen. Diese mentalen Haltungen unterminieren tatsächliches Teilen. Wenn Sie merken, daß Sie – durch Geben oder Nehmen – Dankbarkeit „speichern „ dann sind Sie immer noch gierig und ambitiös und werden nicht so, wie Sie es eigentlich vorhaben, Gutes tun. Wenn die Klientin Spielerin ist, zeigt diese Karte eine Gewinnphase.

Münzen VII

Die Sieben der Münzen zeigt die Fähigkeit, die materielle Umgebung Ihrem Willen entsprechend zu gestalten. Die Klientin mit dieser Karte hat starke magische Kräfte und ist in der Lage, psychische Phänomene auf die materielle Ebene zu übertragen. Schult sie diese Kräfte zur persönlichen Bereicherung oder nutzt sie ihr Können in einem weiteren Sinn? Solche Kraft kann starke politische Wirksamkeit haben, wenn sie kollektiv eingesetzt wird. Diese Karte kann für die Klientin einen Wechsel in der Art, ihren Lebensunterhalt zu verdienen, anzeigen.

Die Gefahr ist hier, sich zu sehr mit Äußerlichkeiten und Vordergündigem zu beschäftigen. Die Klientin glaubt vielleicht auch, daß es ohne ihr Wirken kein Leben gäbe. Obwohl die Klientin die Gestalt der Wirklichkeit nach ihren Vorstellungen beeinflussen kann, würde die Natur doch weiterhin Leben schaffen und durch ihre Zyklen fortschreiten, auch wenn die Klientin nicht existieren würde. Sie erlebt vielleicht Unruhe wegen einer Kontrolle.

Münzen VIII

Die Acht der Münzen ist die Karte des Lernens, die auf die Verbesserung physikalischer Fähigkeiten durch Übung hinweist. Diese Arbeit kann das „Anlegen von Wegen“ beinhalten und die Schulung unseres Körpers für etwas Derartiges durch Hatha Yoga oder andere regelmäßige Übungen. Die Klientin verbessert jetzt ihre Fähigkeit, ihre materielle Umgebung zu beeinflussen und ihre Kräfte im Zusammenhang mit ihrer Überzeugung einzusetzen. Ihre Arbeit bringt sie ihrem gewählten Ziel näher. Im finanziellen Bereich versinnbildlicht diese Karte Umsicht und Wirtschaftlichkeit.

Die Schwäche dieser Karte ist der Geiz, exzessiver Materialismus, der zu spiritueller Blindheit führt. Erinnern Sie sich daran, daß körperliche Gesundheit und Beweglichkeit nicht von selbst vorhanden sind, sondern Teil einer umfassenden Bewegung hin zu einem holistischen Leben sind. Die feministische Annäherung an Spiritualität erkennt die lebensnotwendige Bedeutung des physischen Körpers und der materiellen Existenz, überbewertet dies jedoch nicht vor allem anderen. Vergleichbar ist das mit dem Konsumieren oder Anhäufen von Gütern – das verewigt bloß die Herrschaft des Patriarchats.

Münzen IX

Wie der alles einschließende Ausdruck von Harmonie mit der Erde ist das Schlüsselwort für diese Karte „Stille". Eine Klientin mit der Neun der Münzen empfindet Frieden und Übereinstimmung mit den Kräften der Natur. Die Fähigkeit zur Reflexion des eigenen Tuns, die die Menschen von den Tieren unterscheidet, wird üblicherweise zur Selbstfindung genutzt und macht uns nicht klüger als Delphine oder schlauer als Katzen. Das beweist auch noch keine Überlegenheit gegenüber Affen oder anderen Kreaturen. Einheit in der Verschiedenheit ist die Essenz des Lebens in der Natur, und eine Klientin mit der Neun der Münzen hat gelernt, sich auf den natürlichen kosmischen Rhythmus des Lebens einzustimmen, und sie wird ihren angemessenen Platz im Plan des Universums finden. Sie hat ihren eigenen Ruhepunkt erreicht, während sie eine bewegte und dauerhafte Beziehung mit dem Leben um sie herum eingeht. Diese Karte repräsentiert eine Periode, in der materielle Kreativität und Schönheit und Komfort in das Leben der Klientin bringt.

Die potentielle Schwäche dieser Karte ist Selbstzufriedenheit. Die Eitelkeit, die entstanden sein kann, kann auch einen Beigeschmack von elitärem Denken haben, das auf Gefühlen der Überheblichkeit denen gegenüber beruht, die nicht in der Lage sind, eine derartige gelassene Verfassung für sich selbst herzustellen. Wenn dies jedoch Ihre Haltung ist, können Sie sicher sein, daß Ihnen Ihre materiellen Bequemlichkeiten keinen inneren Frieden bringen werden, und vielleicht müssen Sie sie auch wieder verlieren, um auf den Pfad der Weisheit zurückzufinden.

Münzen X

Die Zehn der Münzen weist auf häusliche oder administrative Verantwortung hin. Die Klientin muß eine grundlegende materielle Struktur oder Lebensbasis erhalten. Obwohl sie Stabilität fördern, blockieren Vergangenes und Tradition den schöpferischen Ausdruck der Begabungen der Klientin. Eine Position, die mit Reichtum und/oder Autorität verbunden ist, ist angezeigt, obwohl die Klientin selbst sich überarbeitet oder als Sklavin ihrer Situation fühlt.

Page der Münzen

Der Page der Münzen repräsentiert heidnische Praktiken und zeigt an, daß die Klientin offen ist, um ihr Verhältnis zur Erde zu entwickeln, indem sie ihre Aufnahmebereitschaft für die Botschaften der Erde vergrößert. Es ist wichtig für sie, so oft wie möglich Landspaziergänge zu unternehmen und sich im Freien aufzuhalten. Es wird ihre Beziehung zu den Elementen verstärken, wenn sie, wann immer es möglich ist, barfuß geht und sich draußen nackt bewegt. Die Klientin kann auch in ein Studiengebiet eintreten, vielleicht eines, das praktische Experimente erfordert oder das ihre Verbindung mit der Natur intensiviert. Ernsthafte Beschäftigung mit den praktischen Erfordernissen des Lebens charakterisiert die Klientin mit dieser Karte. Das Ausmaß, in dem psychische Kräfte in dieser Arbeit mitwirken, wird von den Vorstellungen der Klientin abhängen. Sie muß sich in acht nehmen vor einem Mißbrauch ihrer wachsenden Kräfte. Die Klientin erhält vielleicht Briefe oder Pakete oder gibt welche auf und hat vielleicht vor kurzem ein neues Arbeitsgebiet begonnen.

Wie bei allen Pagen ist auch der Page der Münzen verletzlich, und die Klientin wird sich um ihre Gesundheit kümmern müssen, indem sie Vollwertkost ißt und genügend Bewegung bekommt. Sie ist auch leicht zu beeindrucken und wird vielleicht aufgefordert, ihr Geld freizügig auszugeben. Unterstützung und Schutz wird sie erhalten, wenn sie daran denkt, darum zu bitten.

Ritter der Münzen

Der Ritter der Münzen repräsentiert Arbeit in der Gemeinschaft. Eine Politikerin oder eine Jugend- oder Sozialarbeiterin ist wahrscheinlich. Die Klientin verdient ihren Lebensunterhalt, indem sie zur Arbeit außer Haus geht, und hält es vielleicht für notwendig, sich zu schützen, indem sie dafür ein „offizielles“ Gesicht aufsetzt. Die Veränderungen der Welt, nach denen die Klientin sucht, sind praktischer Natur und betreffen die materielle Wirklichkeit; die Klientin scheut sich nicht vor harter Arbeit. Vielleicht arbeitet sie direkt auf dem Land.

Falls diese Karte schwach aspektiert ist, kann sie jemanden anzeigen, die Konventionen verteidigt oder vom Profit besessen ist. Dinge können für diese Klientin wichtiger sein als Menschen, und vielleicht bewertet sie ihre Freunde nach ihrem Nutzen für sich. Laut Gearhart und Rennie bedeutet ein umgedrehter Ritter der Münzen jemanden, die keine sichtbare Einkommensquelle hat und sich das auch nicht wünscht. Ich interpretiere diesen Ritter, wenn er umgedreht liegt, immer als Darstellung von körperlicher Selbstausbeutung.

König der Münzen

Der König repräsentiert die materiellen Wohltaten des Patriarchats und die Kontrolle über die materielle Welt. Die hier dargestellte Klientin bezieht ihre Autorität aus ihrem finanziellen Reichtum und kann für protzige Zurschaustellungen von Überfluß anfällig sein. Sie kann hohe finanzielle Verpflichtungen haben, durch die Geschäfte innerhalb des Patriarchats notwendig werden. Das kann heißen, daß die Klientin in praktischen Dingen stur und dogmatisch sein muß, um sich in der verdorbenen Welt des maskulinen Wettbewerbs zu behaupten. Sorgfältige Überlegungen werden ihr helfen, die beste Strategie auszuwählen.

Eine Klientin mit dieser Karte ist auch in der Lage, die physischen Kräfte des Universums zu befehligen und so „übernatürliche" Ereignisse zu schaffen. Nichtsdestotrotz kann sie eine überzeugte Materialistin sein und die Wahrnehmung der nichtstofflichen Welt ablehnen. Einer solchen Klientin fehlt die schöpferische Vorstellungskraft, und sie kommt nach langsamem Abwägen aller greifbaren miteinbezogenen Faktoren zu ihren Ergebnissen. Ihre Handlungen sind „sensibel" und „realistisch". Sie bevorzugt Kontrolle durch den Einsatz von Ordnung und erscheint vielleicht als gefühlsarm. Falls diese Karte schwach aspektiert ist, kann sie Habgier und anmaßenden Stolz repräsentieren, wie auch übertriebene Hinwendung zur materiellen Realität.

Königin der Münzen

Die Königin der Münzen repräsentiert jemanden, die in der Natur zu Hause ist. Diese Klientin kann Unterstützung und Bequemlichkeit aus der materiellen Welt beziehen und hat die Fähigkeit, die physische Welt dazu zu bringen, ihr das anzubieten, was sie braucht. Da ihre materielle Lage stabil ist, macht sich die Klientin keine Sorgen wegen Geld und kann anderen in ihrer Umgebung Sicherheit geben. Sie ist großzügig und beschützend. Da sie in Harmonie mit der Erde lebt, kennt sie die Kunst der Geomantie und praktiziert Erdmagie, wenn es erforderlich ist.

Die Klientin weiß um die Macht von Ritualen beim Entwickeln von Ausdauer, und sie wird oft Zeremonien bei den üblichen festlichen Versammlungen leiten. Diese Karte ist die Matriarchin der Kleinen Arkana, die Klientin ist kreativ und stark und ein geachtetes Mitglied ihrer Gemeinschaft.

Wenn diese Karte getrübt ist, zeigt sie eine Person, die durch übertriebenen Materialismus langweilig geworden ist, und deren Kreativität durch ihre praktischen Lebensumstände beschränkt ist. Eine solche Klientin benötigt vielleicht übermäßig viel Ordnung, um ihre Ziele zu erreichen, und ist in ihrem Bezug zum Leben selbstzufrieden und unnachgiebig.

Die Stäbe (Feuer):

As der Stäbe

Das As der Stäbe repräsentiert erneuerte Energien und möglicherweise den Beginn eines neuen Projektes. Die Klientin wird sich eher in der Lage fühlen, Initiativen zu ergreifen, aus ihrem Leben etwas zu machen. Der Wiederaufbau von Stärke und Vitalität wird sie wahrscheinlich aktiver als früher werden lassen. Diplomatie kann ein Schlüsselbegriff sein. Dies ist eine optimistische Wiedergeburt.

Die Schwäche hier ist Impulsivität und Dinge anzufangen, die die Klientin nicht durchdenken will. Es besteht auch die Möglichkeit, daß ihr Enthusiasmus sie gegenüber anderen unsensibel macht.

Stäbe II

Die Zwei der Stäbe zeigt, daß die Ansprüche des inneren und des äußeren Lebens gegeneinander abgewogen werden, und daß versucht wird, sie miteinander zu verbinden. Die Klientin ist sich ihres Egos bewußt, das durch ihre Persönlichkeit in der äußerlichen Welt tätig ist, und sie kann auch ihren Geist fühlen, der in ihrem Inneren darauf drängt, wahrgenommen zu werden. Der Wille ist ihre Energie, mit der sie diesen Forderungen begegnen kann und vorausgesetzt, sie ist nicht von ihren Vorlieben versklavt, stehen der Klientin weite Möglichkeiten zur Selbstverwirklichung offen. Bei der Überlegung, wo sie ihre Energien einsetzen soll, ist es wichtig, daß die Klientin nicht neben ihren Fähigkeiten her plant, denn daraus würden nur unnötig Enttäuschung und Kummer für sie entstehen.

Stäbe III

Die Drei der Stäbe zeigt an, daß Sie genügend Energie auf sich ziehen, um Ihre Vorhaben zu verwirklichen. Vielleicht ermutigt die Klientin andere Menschen, bei ihrem Projekt mitzumachen, das eine geschäftliche Partnerschaft werden könnte oder auch ein kollektives Unternehmen. Wenn sie alleine arbeitet, baut sie die nötige Energie in sich selbst auf und schürt ihr eigenes Feuer. Optimismus ist hier wesentlich und ein Glaube an die Wichtigkeit und den Wert der Arbeit, die verrichtet werden soll.

Die mögliche Gefahr bei dieser Karte ist das Träumen und Nichtstun. Ausgiebiges Planen kann Menschen begeistern, und sie können die Flammen ihres Enthusiasmus damit eine Zeitlang anheizen. Tatsächlich werden die Klientin und ihre Freunde jedoch bald genug von solchen wiederholten wirkungslosen Anregungen haben. Die Klientin und auch andere Personen werden das Vertrauen in sie verlieren, wenn sie ihren Einfluß nicht schöpferisch nutzt.

Stäbe IV

Das ist eine Karte der Ernte, das Lammas-Fest, an dem die Früchte früherer Arbeit gereift sind. Unter den günstigsten Umständen repräsentiert diese Karte Freude und Feste, Feiern und Tanzen. Es ist eine Phase von Frieden und Harmonie zwischen den Energien der Klientin, es gibt keinen inneren Aufruhr. Vorhaben sind erledigt, sie hat die Kontrolle über ihre inneren Energien gefunden und fühlt sich eins mit den treibenden Kräften in ihrer Umgebung.

Die Gefahr oder mögliche Schwäche ist hier der Egoismus, eine Selbstgefälligkeit, die abstreitet, daß die Klientin Hilfe von äußeren Kräften bekommen hat, um ihren Wohlstand und ihren Erfolg zu erreichen. Eine solche fehlende Bescheidenheit überschattet das Wesen der Wirklichkeit, denn

Abb. 4: Kleine Arkana – Vier Stäbe

obwohl ein Samen in sich selbst alle Grundlagen seiner eigenen Reifung trägt, wird er doch nicht wachsen, solange er nicht von außen wie von innen genährt wird. Diese Karte zeigt eine Zeit, in der Möglichkeiten für eine zukünftige Entwicklung in der Klientin geschaffen werden. Damit kann auch ein Vertragsabschluß gemeint sein.

Stäbe V

Die Fünf der Stäbe zeigt einen Konflikt zwischen Persönlichkeiten. Abhängig von der Lage der Karte innerhalb des Spiels bedeutet das einen inneren Konflikt oder einen Zusammenprall verschiedener Willenskräfte. Die Erschütterung, die durch diese Unruhe ausgelöst wird, ist normalerweise notwendig. Ist es ein innerer Konflikt, so zeigt die Fünf der Stäbe an, daß die Klientin ihre Prioritäten auswählt, die den Raum für größere Selbsterfüllung und für Wachstum schaffen. Ein Zusammenprall mit anderen zeigt, daß die Klientin für ihre Überzeugungen einsteht und sich nicht unterkriegen läßt. Bezieht sich die Karte auf Geschäftliches, so ist damit die Fähigkeit, im Wettbewerb zu stehen, gemeint. Wenn andere Karten im Spiel die Klientin als eigensinnig und engstirnig zeigen, dann wird dieser Umbruch Teil eines wohlbekannten Musters sein. Eine Gerichtsangelegenheit oder Rechtsfall kann angezeigt sein.

Stäbe VI

Die Sechs der Stäbe zeigt gewachsene Selbsterkenntnis. Harmonisches Wachstum der Feuerenergien der Klientin befähigt sie, sich selbst besser zu erkennen und ihre Energien zu lösen, so daß ihr Wachstum fortschreiten kann. Sie ist ein Beispiel für ihre Umgebung, da sie sich ihren Ängsten stellt und sich mit ihren Zweifeln auseinandersetzt. Sie ist hinsichtlich ihres weiteren Weges optimistisch. In allen ihren Bemühungen liegt Harmonie, und ihre Talente wachsen. Ihre psychischen Kräfte beginnen, sich zu entwickeln, da ihr Wille stärker wird und sie besser in der Lage ist, ihre Energien bewußt zu lenken.

Die Gefahr bei dieser Karte ist ein Gefühl von „Ich habe das alles schon einmal gemacht", die Einstellung, daß ihre Arbeit getan sei, es für sie nichts mehr zu tun oder zu lernen gäbe, und sie sich „auf ihren Lorbeeren" ausruhen könne. Diese Haltung ist besonders gefährlich in unserem Kampf, unsere Bedingungen zu überwinden. Das ganze Leben über lernen wir ununterbrochen, und die Offenheit für die Lektionen des Lebens ist für echte spirituelle Entwicklungen erforderlich.

Stäbe VII

Die Sieben der Stäbe ist die Karte der Magie und zeigt den Willen der Klientin. Sie ist sich ihres Einflusses bewußt. Die Klientin ist fähig, durch die Macht ihres Charismas andere in ihrem Bann zu halten. Der Einsatz ihrer Stimme ist grundlegender Bestandteil ihrer Magie. Die Temperatur der alchemistischen Feuer zu regulieren ist eine heikle Kunst, die wesentlich ist, um erfolgreiche Transformationen zu erreichen. Frauen, die nachlässig mit ihren psychischen Kräften spielen oder die Wirkung ihres Einflusses heftig ersehnen und davon besessen sind, Resultate ihrer Arbeit zu sehen, ohne Bezug zum Anlaß der Bemühungen, werden verbrennen. Der freie Wille kann eines unserer nützlichsten Werkzeuge im Kampf für unsere Befreiung sein, wenn wir fähig sind, Herrinnen unserer eigenen Kräfte im Dienste der Großen Göttin zu sein.

Die Klientin fühlt sich besser in der Lage, ihr Leben zu bestimmen. Sie hat ein Ziel, vielleicht wird in nächster Zeit etwas von ihr Geschriebenes veröffentlicht.

Stäbe VIII

Die Acht der Stäbe zeigt, daß die Klientin ihre Energien konzentriert und sie dort einsetzt, wo sie sie am ehesten ihrem Ziel näherbringen. Diese Karte zeigt, daß sich die Dinge im Leben der Klientin rasch weiterentwickeln und daß sie mehr Kontrolle über sich selbst hat. Sie hat Verbindung mit ihren unbewußten Trieben. Die Bereitschaft, durch verstärkte Anstrengung ihre Energien zu disziplinieren, wird sich bald bezahlt machen. Ihre schöpferische Kraft wächst, und sie kann andere mit ihrer Überzeugungsgabe beeinflussen. Sie versucht, Fehler der Vergangenheit nicht zu wiederholen und erfreut sich der Stärke, die sie aus der Erweiterung ihres spirituellen Bewußtseins bezieht.

Da sie ungeduldig ihr Potential verwirklichen möchte, kann diese Antriebskraft für ihre Anstrengungen die Klientin dazu bringen, Entwicklungen zu erzwingen. Der Druck des Ego ist, obwohl schwächer als bei der Sieben, immer noch eine Gefahr. Auf persönlicher Kontrolle kosmischer Ereignisse zu bestehen, endet in extremer Enthüllung und dem Verlust von Schutz.

Stäbe IX

Die Neun der Stäbe ist eine Karte von sehr intensiver Kreativität. Die Feuerenergien der Klientin fließen ruhig, so harmonisch wie eine elliptische Bahn, und die Klientin ist in der Lage, sowohl Mut als auch Mitgefühl auszudrücken. Die Klientin ist mit ihren eigenen Energien befaßt, und von anderen Menschen, die ihre Energien noch nicht so beherrschen, wird sie vielleicht als stur oder hartnäckig erlebt. Aber die Frauen, die in ähnlicher Weise ihre Energie ausgebaut haben, ihre Kräfte konzentrieren und das wahre Wesen ihrer Stärke erfahren haben, werden die Klientin willkommen heißen und sich wahrscheinlich von der Möglichkeit gemeinsamer Arbeit sehr angeregt fühlen. Der reine Ausdruck ihres

Willens wird – unbehelligt von Schuld, Scham oder anderen Hindernissen – die Klientin mit dieser Karte sehr stark machen. In Verbindung mit anderen Frauen und mit vereinten Kräften an einer neuen Zukunft bauend, sind diese Schwestern eine Quelle größter Hoffnung für unsere Befreiung. Die starke schöpferische Kraft der Klientin kann vielleicht als reine Freude erlebt werden. Wie in allen erfolgreichen Zeiten muß sich die Klientin vor Egoismus hüten und auch davor, daß ein Kult um ihre Persönlichkeit entsteht.

Stäbe X

Die Zehn der Stäbe ist eine Karte der Unterdrückung, die Lasten anderer werden getragen, vielleicht auch soziale Vorurteile übernommen, die als Teil der Lebensbedingungen der Klientin erscheinen. Die Klientin kann ihrer Persönlichkeit nicht genügend Ausdruck verleihen. Diese Last ist selbstgewählt. Es ist möglich, daß das Verlangen nach Macht die Klientin veranlaßt, Einfluß nur um ihrer selbst willen übernehmen zu wollen und nicht im Dienst einer Sache. In diesem Fall wird ihre Persönlichkeit die größte Last für sie sein, da sie ständig ihr Image pflegen muß, um ihre Beliebtheit zu erhalten.

Das Hindernis, vor dem die Klientin zeitweilig stehen wird, ist eine Herausforderung an die Stärke ihrer Zielvorstellung und kann als Ermutigung gesehen werden, den engagierten Umgang mit ihren eigenen Energien zu lernen. Die Situation verlangt von der Klientin vielleicht, diplomatisch zu sein, besonders in Angelegenheiten, die mit Management und persönlichen Beziehungen zu tun haben. Diese Karte kann die Gelegenheit bieten, Selbstkontrolle zu lernen und sie kann das Zölibat repräsentieren, die Kontrolle über die sexuellen Triebe der Klientin. Die Belastung, die hier dargestellt wird, kann Teil des karmischen Erbes der Klientin sein. Wo die Zehn mit der Fünf zusammen aufliegt, muß die Klientin ihre Vorurteile überprüfen und auf eine Erschütterung ihrer Persönlichkeit vorbereitet sein. Obwohl dies sehr aufwühlend sein wird, kann die Klientin doch nur Raum für neues Wachstum schaffen, wenn sie diese Erfahrung macht und die damit verbundene Erschütterung durchlebt.

Page der Stäbe

Der Page der Stäbe versinnbildlicht gute Nachrichten und kann anzeigen, daß die Klientin beginnt, Stimmen zu hören. Es ist nicht notwendig, durch dieses Phänomen verängstigt zu sein; es ist am besten, den Stimmen zuzuhören und zu versuchen, ihre Bedeutung zu verstehen. Es ist notwendig zu lernen, wirkliche Botschaften von eingebildeten zu unterscheiden und das Können zu entwickeln, diese wirklichen Botschaften anderen Menschen als Quellen heilender Kräfte zu vermitteln. Es ist wichtig, daß die Klientin, die diese Karte zieht, genügend schläft, damit sie sicher sein kann, klar aufzunehmen und zu verstehen, was sie hört. Die Pflege unseres Körpers, besonders ausreichende Ruhe, ist für jede psychische Arbeit und die Entwicklung unserer Kräfte wesentlich.

Die Klientin mit dieser Karte zeigt Originalität und Initiative und kann oft den Optimismus anderer Menschen wachrufen. Sie wird offen für neue Projektvorschläge und Ideen sein, in die sie ihre Energien einbringen könnte. Die Schwächen dieser Karte sind übergroße Beeindruckbarkeit und richtungslose oder nicht gesteuerte Energie. Die Klientin kann auch eine Neigung zu unnötiger Theatralik haben.

Ritter der Stäbe

Der Ritter der Stäbe ist traditionell die Karte für einen Umzug. Wenn die Klientin dies nicht tatsächlich vorhat, kann diese Karte eine tiefere Veränderung ihres Hauptinteresses anzeigen, eine Verschiebung im Zentrum ihrer Aufmerksamkeit. Dieser Ritter sagt aus, daß die Klientin ihre schöpferische Energie hinaus in die Welt trägt und eine starke Wirkung auf ihre Umgebung ausübt. Die Klientin ist vielleicht künstlerisch tätig. Da sie die Fähigkeit zu lehren hat, kann die Klientin andere durch das Beispiel ihrer Persönlichkeit und die Überzeugungkraft ihrer Worte verändern. Diese Klientin wird auch eine erfolgreiche Predigerin sein, die denen, die ihr nahe kommen, glühenden Enthusiasmus vermittelt und ihrer Umgebung ihren Willen aufdrängt. Ihre Persönlichkeit ist das wirkungsvollste Werkzeug der Klientin, ihr eigenes Leben ist Material für ihre Veränderungen. Sie ist energisch und unermüdlich. Da sie eine charismatische Figur ist, bleibt der Eindruck von ihr noch wirksam, wenn sie selbst schon lange nicht mehr anwesend ist.

Die Intensität und Schnelligkeit dieser Klientin kann unter denen, die sie besucht, Unruhe verbreiten. Ihre Energie kann Unzufriedenheit auslösen und sie bei denen, die ein geregeltes oder wohlgeordnetes Leben führen möchten, zu unerwünschter Gesellschaft machen. Die Klientin muß sich auch davor hüten, von anderen als Quelle der Unterhaltung benutzt zu werden – „besser als Fernsehen". Diese Menschen wollen sich nicht wirklich verändern, und die Klientin kann viel Energie verschwenden, wenn sie versucht, sie zu Aktivitäten anzufeuern. Wenn sie Zeit mit solchen Menschen verbringen möchte, muß sie lernen, ihre eigene Stärke zu bewahren, sich vor Angebern zu schützen. Sie muß sich auch in acht nehmen vor dem Wunsch nach Aufregung um ihrer selbst willen, und immer danach streben, sinnvollen Gebrauch von ihrem Einfluß zu machen. Die Klientin hat Appetit auf Bewegung in ihrem Leben und erlebt häufig Trennungen. Sie hat großes Durchhaltevermögen.

König der Stäbe

Der König der Stäbe ist von beschränktem sozialen Vorurteil, das der Klientin keinen Raum für ein freies Ausleben ihres Geistes läßt. Ihr fehlt Mitgefühl, und Bescheidenheit ist ihr fremd, diese Person kontrolliert andere Menschen durch Einschüchterung. Als machtvolle Persönlichkeit kann der König der Stäbe andere im Bann halten und beeinflußt sie oft dahingehend, ihre Überzeugungen und Urteile als ihre eigenen anzunehmen. Da die Klientin eine Persönlichkeit mit hitzigem Temperament und leicht jähzornig ist, wird die Kreativität dieses Menschen durch ihr Bedürfnis nach Macht und Prestige zunichte gemacht. Sie kann in Diskussionen durch klugen Gebrauch von Worten überzeugen und hat eine Tendenz, anzugeben. Ein fanatisches Individuum kann gemeint sein.

Diese Karte kann Selbstkontrolle darstellen, und die Klientin kann vielleicht der Versuchung ihres Ego widerstehen, ihre charismatische Persönlichkeit einzusetzen, um ihre Wünsche erfüllt zu bekommen. Dies kann ein wichtiger Schritt bei der Überwindung vorhandener Bedingungen sein, darf jedoch nicht zu lange beibehalten werden, da sich sonst starre soziale Verhaltensweisen verfestigen. Eine Klientin mit dieser Karte muß sich davor hüten, übertriebene Forderungen an andere Menschen zu stellen und ihrer eigenen Eitelkeit freien Lauf zu lassen.

Königin der Stäbe

Die Königin der Stäbe ist ein starker, charismatischer Charakter, der seine Persönlichkeit nutzt, um die kreativen Energien der Umgebung zu lenken. Da sie oft gebeten wird, die Führung zu übernehmen, bringt sie eine Dynamik in die Unternehmungen, an denen sie beteiligt ist, die die Personen um um sie herum inspiriert. Sie ist normalerweise erfolgreich und von einer Atmosphäre von Wohlergehen und Glück umgeben. In ihrer besten Verfassung ist diese Klientin ehrbar und bewußt und ein Beispiel für spirituelle Zielstrebigkeit, um ihr höchstes Ideal damit zu erreichen. Sie ist voll Mitgefühl und kann Menschen gut beraten, da sie eine sensible Wahrnehmung sozialer Umstände hat. Diese Klientin ist unabhängig und wirkungsvoll.

Wenn diese Karte getrübt ist, kann sie jemanden zeigen, die ihren Charme einsetzt, um zu verzaubern, um andere in ihrem Bann festzuhalten. Dieses Individuum ist Objekt von Bewunderung und Neid, erlebt jedoch selbst eine innere Unruhe wegen ihrer selbstsüchtigen Motive. Die Klientin kann überaus stolz und über die Maßen selbstgerecht sein. Hüten Sie sich vor Unduldsamkeit gegenüber sich selbst oder anderen.

Kapitel IV

Die Großen Arkana

Die Reise durch das Leben

Es ist möglich, das Leben als eine Reise zu sehen – unser inneres Wesen streift umher, immer auf der Suche nach der bestmöglichen Verwirklichung seiner Anlagen. Tarot illustriert das ideale Lebensmuster: den Spiralweg spiritueller Entfaltung. Es bietet Wachtposten für die Lebensreise an, die uns helfen, uns selbst und unsere Beziehung zur Welt auf spirituell höchstentwickelte Weise zu gestalten. Wenn wir uns die Bedeutung dieser Zeichen erschließen, können wir unsere Lebensfähigkeit deutlich steigern.

Jede Karte zeigt eine bestimmte qualitative Erfahrung an, ein Energieschema, das aufgeteilt ist in sein Element, seine Zahl und seine Position innerhalb des Spiels, und auch dadurch charakterisiert wird. Außerdem repräsentiert jede Karte einen besonderen Ausdruck des Selbst und symbolisiert einen Aspekt des Bewußtseins, der zu dem Zeitpunkt besonders hervortritt, an dem die Karte erscheint. Die Karten zu legen hilft der Klientin, ihre Wahrnehmung zu klären und sich mit besseren Ergebnissen durch ihre Zeit/ihren Raum zu bewegen.

Die Abschnitte, die die Karten der Großen Arkana darstellen, können während des ganzen Lebens der Klientin wiederkehren – und normalerweise tun sie das auch. Es sind sowohl breit angelegte als auch tiefe Erfahrungen möglich, und auch eine Vielzahl von Zugängen zu jeder einzelnen Karte ist wahrscheinlich. Zu einer Zeit bewegt sich die Energie der Klientin abschnittweise, in ständigen Wiederholungen fortschreitend durch einen Teil der Schleife, bis das Antriebsmoment seine Arbeit getan und die Klientin sich verändert hat. Dann wieder erscheint immer dieselbe Karte, wenn sich die Klientin tief in diesen inneren Bereich hineinbegibt. In diesem letzten Fall wird die Klientin dieselbe Erfahrung wieder machen und aus verschiedenen Perspektiven sehen, bis sie ihre Aussage ergründet hat. Wenn diese Karte später in ihrem Leben noch einmal auftaucht, heißt das, daß sie jetzt so weit ist, eine andere Dimension des angesprochenen Phänomens zu begreifen.

Eine vordringliche Aufgabe im Leben ist es, die Bedürfnisse des inneren Lebens mit denen des äußeren Lebens in Einklang zu bringen, und das Tarot zeigt uns, wie wir jeweils schöpferische Verbindungen herstellen können. Wenn wir lernen, ganz und gar lebendig zu sein, unser Bewußtsein zu wecken und offen zu sein für die rhythmischen Formen von

Abb. 5: Große Arkana, Fünfzehnte Karte – Mäßigkeit

Erfahrung, dann sind wir fähig, die Harmonie unseres individuellen Lebens in die universelle Harmonie einzubringen. Auch psychologische Wahrheiten sind fest im Tarot verankert, besonders in der Schleife, die Frau aus der Großen Arkana legen kann. Viele von uns glauben, daß das Leben schon an sich voll Bedeutung ist und versuchen, seine Botschaft durch die eigene Erfahrung zu erschließen. So sehen wir unsere Lebensumstände als Muster, das uns, wenn wir es erkennen, Selbsterkenntnis und kosmisches Bewußtsein vermittelt.

Die Karten der Großen Arkana enthüllen auch das okkultistische Wissen und die esoterische Weisheit, die von vielen als ein Weg der Initiation gesehen werden. Da das Patriarchat mit diesen Energien im Streit liegt, sind die Bilder der Karten auch durch die Symbole der Rosenkreuzer und die späten Symbole des Christentums entstellt. Die heidnische Gnostik, oder Wahrheit, die in dem Kartendeck enthalten ist, ist fast ganz verborgen und wird nur langsam wieder freigelegt. Diejenigen von uns, die sich der Großen Göttin nähern, sind eher in der Lage, diese Inhalte zu enträtseln. Arkanum bedeutet Geheimnis, und die Karten beinhalten die Weisheit der Jahrhunderte, die erhalten, aufbereitet, geschützt und weitervermittelt wurde an diejenigen, deren Bewußtsein weit genug entwickelt war, um diese symbolischen Begleiter der menschlichen spirituellen Entwicklung zu verstehen.

Die Zahlen

ELF	Ein neuer Anfang mit einiger Erfahrung, wenig Ordnung. Nähren der Wurzeln. Eine Zahl mit starem spirituellem Einblick.
ZWÖLF	Dynamische Fülle, etablierte Macht. Die hier angebotene Vervollständigung hat heilende Wirkung und öffnet die Tür zu weiteren oder tieferen Erfahrungen.
DREIZEHN	Die Zahl der Zaubersprüche, mit starker Basis und doch in der Lage, totale Anarchie herbeizuführen. Jede einzelne muß ihr eigenes Verhältnis zur Dreizehn finden und wird dabei ihre eigene wirkliche Moral kennenlernen. Das Jahr wird oft als Baum mit dreizehn Ästen dargestellt.
VIERZEHN	Magische Veränderung. Diese Zahl hat einiges von ihrer magischen Kraft verloren, während sie in patriarchalische Ordnungen eingepaßt wurde. Sie ist offen verbunden mit den friedlichen Tagen der Wintersonnenwende und mit rituellen Begräbnissen.
FÜNFZEHN	Unausweichliche Bewegung. Die Energie der Fünfzehn kann nicht ruhig bleiben und ist deshalb durch ständigen Wechsel und Vollkommenheit charakterisiert. Der Vollmond liegt auf dem fünfzehnten Tag jedes Mondzyklus.

SECHZEHN	Intelligente Anwendung. Bewußtes Verhältnis zur Arbeit. Sechzehn ist der wahre Weg zu wirksamer Transformation und ist eine Zahl der Vermehrung. Wenn Sie Ihr spirituelles Verlangen zu Ihrer physischen Welt in Beziehung setzen, können Sie Elemente des Schöpferischen und der Entwicklung miteinander kombienieren.
SIEBZEHN	Selbstdisziplin, obwohl möglicherweise mit einer Illusion von Tugend ohne Anstrengung. Patriarchalische Magie ist auch angezeigt – der mystische Schlüssel im Zusammenhang mit überstrukturiertem, am Dezimalsystem orientierten Denken. Allerdings wird uns die Siebzehn erfolgreich in das Neue Zeitalter bringen, da die Acht in ihrer Basis der Realismus ist, der sie im Jetzt begründet.
ACHTZEHN	Starke Verbindung zum Mond, da die Neun die wichtigste Mondzahl ist, die hier hervorgehoben wird. Eine intensive Spiritualität und ethisches oder moralisches Verständnis, die Wachstum und Anregung bewirken, und Fortschritt sind mit der Achtzehn verbunden.
NEUNZEHN	Da die Neunzehn die Länge eines vollständigen Mond-Sonne-Zyklus umfaßt, zeigt sie den Ausdruck der Persönlichkeit eines ungeteilten Wesens.

ZWANZIG	Das Ich und das Universum – einig oder im Streit? Dies ist die Zahl für das Wesen, das für sich selbst Verantwortung in der Welt übernimmt. Wie beurteilen Sie Ihr Leben?
EINUNDZWANZIG	Die Schwesterlichkeit trifft auf die Magie. Die Zahl erfolgreicher persönlicher Wahl und gereifter magischer Fähigkeiten.
NULL	Der Kreis des Ganzen. Ganz und gar einfach „nur da" zu sein ohne das Bedürfnis, der Erfahrung etwas hinzufügen zu wollen. Alles Wissen ist in dieser Figur ausgedrückt.

Symbole

Symbole bestehen das ganze Leben über fort und bilden dynamische Muster, die Harmonie schaffen. Die Natur bildet Symbole in den Pflanzen, im Verhalten der Tiere, im Gleichklang innerhalb der Jahreszeiten, in den genetischen Codes – überall. Der Niedergang des spirituellen Bewußtseins während der vergangenen achttausend Jahre zeichnet sich dadurch aus, daß das Wissen über die Bedeutung, die Möglichkeiten, diese symbolischen Formen zu beeinflussen, und über die ihnen innewohnende Kraft verlorengegangen ist. In der letzten Zeit haben Psychologen den Versuch einer Reinterpretion gemacht und die Einführung von Archetypen und eines kollektiven Unbewußten vorgeschlagen. Seelenforscher derselben Zeit setzen das Gewissen der Gruppe und andere Erklärungen ein. Diese Bemühungen machen offensichtlich, daß die Musik der Sphären wieder zu hören ist, und daß die Menschen nach einer Sprache suchen, in der sie sich miteinander darüber verständigen können.

Die Tarotkarten sind eines der Kommunikationsmittel dafür. Jeder Wurf, jedes neue Spiel fängt ein neues Energiemuster ein, die Harmonie des Moments, der in der östlichen Welt Tao genannt wird, und macht sie für Auseinandersetzung und Deutung sichtbar. Da zusätzliche Worte nur die Kraft zerstreuen und es schwieriger machen, Bedeutungen zu entschlüsseln, erleichtert das Tarot die Zurücknahme des Ego und den Abbau der disziplinierten Zurückhaltung der Persönlichkeit des Fragenden; so werden einige der gefährlichen Fußangeln der Psychologie vermieden. Aus diesem Grund sind die Karten ein hervorragendes Rüstzeug für eine tatsächliche Veränderung, da sie uns in die Lage versetzen, in die Welt der Wahrheit zu sehen, für die uns unsere normale Wahrnehmung blind gemacht hat.

Wir müssen Symbole wieder einfordern und sie im Licht unseres jetzt vorhandenen Wissens wieder neu interpretieren. Diejenigen, die die okkultistischen Wissenschaften und tägliches Meditieren beherrschen, werden feststellen, wie sich die Nebel lichten. Vielleicht teilen wir unsere Ungeduld mit unbelehrbaren Romantikern, die ihre natürlichen Reaktionen nicht von solchen unterscheiden können, die stark vorherbestimmt sind. Der zugrundeliegende Silberfaden der Kontinuität ist das VERTRAUEN IN DIE FRAUEN als die Kanäle der göttlichen Liebe in der Welt.

Das Tarot hat eine reiche Bilderwelt von Symbolen. Viele wohlbekannte Symbole tauchen immer wieder im Spiel auf. Der Anker, das ägyptische Lebenszeichen, ist eine Version des modernen Frauensymbols. Es besteht aus einem Oval über einem T-Kreuz – wenn es als Zeichen für die Venus auftritt, hat es hier ein etwas runderes Oberteil und einen tiefer angesetzten Kreuzbalken. Das Symbol für Unendlichkeit, eine auf der Seite liegende Acht – oft als Schleife bezeichnet – erscheint ebenfalls häufig und ist sowohl in der westlichen als auch in der östlichen Welt von Bedeutung; dort erscheint es in dieser Form in rituellen Hindutänzen. Flügel werden in sehr einfachen Tarotdecks benutzt, um den spirituellen Gehalt der Lebensform bildlich darzustellen. Regenbogen zeigen die gegenseitige Beziehung zwischen Himmel und

Erde an, die gemeinsame Arbeit der Welten bei der Erschaffung der Liebe.

Tiere haben ebenfalls als Symbole Bedeutung. Pferde repräsentieren den Erddrachen, der auf die Erde kommt, die Göttin Epona, Rhiannon, die Stutengöttin Demeter, deren Mähne Stärke und Fruchtbarkeit darstellt, die auf dem Wind reitet und Geheimnisse flüstert. Die beiden Kuhhörner tragen den Vollmond als Symbol der Anbetung der Göttin, die Kuh als Göttin des alten Babylon, die in diesem Siegel dargestellt wird, das üblicherweise als Kopfschmuck erscheint. Das Tau-Kreuz, das zwei ineinander verschlungene Schlangen bilden, heißt Caduceus (Merkurstab) und ist das Zeichen der Heilkunst, das Hippokrates, der sogenannte Vater der modernen Medizin, von den heilenden Göttinnen übernommen hat. Schlangen symbolisieren Weisheit, Drachen repräsentieren die schöpferische Lebenskraft. Wenn eine einzelne dieser Kreaturen sich in den eigenen Schwanz beißt, so bedeutet das ewiges Leben. Wenn eine Schlange eine andere Schlange verschluckt, wird daraus angeblich ein Drachen, ein symbolischer Ausdruck für die schöpferische Kraft lesbischer Liebe. Dion Fortune, eine moderne Kabbalistin, die Mitglied des Golden Dawn war, hält Schlangen auch für ein Zeichen der feierlichen Weihe. Schweine sind ausgewählte Tiere der Göttin selbst, besonders die gestreiften. Auch Hunde gehören zur Göttin und stehen oft als Wächter am Eingang neben Säulenpaaren; der Hund von Langport bewacht den Eingang des Tierkreises von Glastonbury.

Der Mond steht für Intuition, emotionale Energie und mystische Selbsterkenntnis. Ein Halbmond zeigt, daß die Kräfte wachsen werden, während zunehmender Mond Festigung bedeutet. Der Mond durchläuft sehr schnell in jedem Monat den Tierkreis und zeigt daher Veränderlichkeit, ja sogar Launenhaftigkeit an. Wenn die Klientin von den Reflexionen auf der Wasseroberfläche verwirrt wird, kann sie das von der Suche nach den verborgenen Tiefen ablenken. Bäume stellen das Leben und die Göttin dar, zwei Energien, die nicht voneinander getrennt werden können. Jede Baumart repräsentiert einen bestimmten Aspekt ihrer Schöpferkraft. In gleicher Weise stehen auch die Säulen – egal, ob einzeln oder als Paare – für die Mutter des Universums. Eine einzelne, normalerweise weiße Feder bezeichnet nach der Tradition die Wahrheit. Gelb zeigt spirituelle und intellektuelle Anregung. Grün ist die Farbe der Harmonie und ist traditionellerweise mit den vier Herz-Chakras verbunden.

Während Sie lernen, Symbole zu erkennen und während Sie Ihre eigene Sprache der Interpretation entwickeln, ist umfassende Information von hohem Wert. Lesen Sie Bücher, gehen Sie in Museen, sehen Sie sich Bilder an, und verbringen Sie Zeit draußen auf dem Land. Ein weiterer wichtiger Aspekt beim Erlernen der Sprache der Symbole ist eine Auffrischung Ihrer Intuition und psychischen Wahrnehmung. Hören Sie auf Ihre innere Stimme, sehen Sie mit Ihrem dritten Auge, merken Sie sich Ihre Träume und beachten Sie Ihre körperlichen Empfindungen. Auf diese Art und Weise kommt jede von uns zu ihrem eigenen Verständnis der Symbole, und die reichhaltige Verschiedenheit weiblicher Weisheiten wird wirklich zu einer Quelle unserer Kraft.

Die Zahlen der Großen Arkana

Schlüsselwörter

I – LEBENDIGKEIT
II – AUFNAHMEFÄHIGKEIT
III – INTEGRATION
IV – VEREINIGUNG
V – ZIELSTREBIGKEIT
VI – KREATIVITÄT
VII – WISSEN
VIII – WIRKSAMKEIT
XI – DAS DRITTE AUGE
X – KARMA

XI	–	DAS INNERE LICHT
XII	–	VERSTÄNDIGUNG
XIII	–	ERTRINKEN
XIV	–	AUFLÖSUNG
XV	–	STÄNDIGER WECHSEL
XVI	–	GRENZEN WERDEN GEZOGEN
XVII	–	DIE MACHT DES DENKENS
XVIII	–	WASSER DES LEBENS
XIX	–	ERFOLGREICHER IDEALISMUS
XX	–	REGENERATION
XXI	–	ERFÜLLTE SCHÖPFUNG
0	–	SINN

I Der Alchemist (Magier) **Feuer**

Der Alchemist oder Magier ist die erste Karte der Großen Arkana. Als Karte des Aries stellt der Alchemist ein Wesen dar, das noch nicht versucht wurde, eines, dessen Fähigkeiten noch nicht durch Erfahrung abgeschwächt wurden. Mit dieser Karte kommt ein Individuum in die Welt, das den notwendigen Geist besitzt, um eine Spur zu hinterlassen, den Antrieb, um sich ihren Raum zu erobern, und die Energie, um sich ihre eigene Welt zu schaffen. Dieses Wesen kann sich selbst formen, indem sie die vier Elemente nach ihrem Willen einsetzt. Als einflußreicher Mensch nimmt der Alchemist jede Herausforderung an und kann noch keine Unterschiede machen. Als Folge davon brennt und flackert ihr Feuer, ihre Energie ist zu schnell verbraucht und ihre Hitze ist oft von der Arroganz des Stolzes entzündet.

Da sie eine Persönlichkeit ist, kann die Klientin mit dieser Karte ungestüm sein, und oft Projekte in die Wege leiten, an deren Abschluß sie nicht wirklich interessiert ist. In ähnlicher Weise wird die Klientin die Entdeckung ihrer Fähigkeiten im Bereich ritueller Magie vielleicht nur um ihrer selbst willen genießen, als selbstbezogene Erfahrung von Macht, ohne Bezug zu einer spirituellen Richtung oder ethischen Philosophie. Die Klientin hat die anderen Kräfte, die an der Herausbildung eines Talents helfend beteiligt sind, noch nicht in Betracht gezogen, und sie fühlt sich allmächtig. Eine Klientin mit dieser Karte hat sehr viel intensive Energie, die auf ihre Umgebung Einfluß ausüben kann. Obwohl sie wahrscheinlich immer von dieser inneren Kraft gewußt haben wird, kann die Klientin noch nach Kanälen suchen, um sie zum Ausdruck zu bringen. Verantwortungsgefühl wird bei diesem Unterfangen ihr bester Schutz gegen Unglücksfälle sein. Ihre Unschuld wird sie nur so lange schützen, wie sie diese behält. Sie muß realisieren, daß Erfindungsgabe, wie anziehend sie auch immer sein mag, Selbstsucht oder Grausamkeit nicht akzeptabler macht.

Als Karte von Brigit, der Hüterin des Feuers, Herrin der Dichtkunst, Heilkunde und Schmiedekunst, kann sie die Fähigkeit der Klientin anzeigen, eine schwierige Situation durch die Überzeugungskraft ihres Charmes zu überwinden. Es ist eine Karte über Persönlichkeit und Charisma. Psychische Fähigkeiten sind damit wahrscheinlich ebenfalls gemeint. In der Tradition repräsentiert diese Karte den Kalendermacher, einen Menschen, dem die Klugheit gegeben ist, die zeitliche Wirklichkeit der Gesellschaft verbindlich festzulegen.

II Die Eingeweihte (Priesterin) Wasser

Die Hohepriesterin, die zweite Karte der Großen Arkana, ist der intuitive, nach innen gerichtete Bereich des Charakters eines Menschen. Hier zeigen sich die Emotionen direkt und unmittelbar, und wir haben die erste Gelegenheit, uns selbst kennenzulernen und uns des spirituellen Potentials bewußt zu werden. Ich nenne diese Karte auch Neophyte (gr. Neugetaufte, d. Ü.), eine neue Geweihte, die lernt, um sowohl ihr Verständnis zu vertiefen als auch ihre Arbeit mit ihren inneren Energien, und um ihre Aufnahmefähigkeit zu erhöhen. Denn nur bei einer Verbindung von intuitiver Einsicht und

Erkenntnis mit dem Verstand und mit diszipliniertem Lernen können wir integriert werden und der Welt ihre Gesundheit zurückgeben.

Da dies eine Karte des Neumonds ist, sind hier Wachstum und Entwicklung angezeigt. Ein anderer Name für diese Karte ist „Die Torhüterin“, denn wenn Sie ihr das richtige Kennwort sagen können, wird Sie Ihnen helfen, durch die Schleier und näher an die tiefen Geheimnisse zu kommen. Da sie am Eingang zur Höhle sitzt, ist die Hohepriesterin die Wächterin des Labyrinths. Dieses Wesen ist dabei, die Kunst der Stille zu erlernen, in der ihre innere Stimme mit moralischer Klarheit zu ihr sprechen kann. Dies ist die Karte Rahab, der prophetischen hebräischen Meeresgöttin.

Bei der Gestaltung unseres Selbst ist dieser Aspekt für unsere besondere weibliche (womon-wise, d. Ü.) Art, mit dem Leben umzugehen, sehr wichtig. Da sie die einzige Wasserkarte in diesem ersten Bogen der Schleife ist, darf ihre Aussage auf keinen Fall übersehen werden. Die Hohepriesterin drängt oder fordert nicht, wir müssen sie ausfindig machen, wenn wir lernen wollen, was sie vermitteln kann. Wenn wir in unserem Leben nach ihr suchen, gehen wir den ersten Schritt unserer spirituellen Entwicklung in unserer jetzigen Menschwerdung. Wir müssen dazu bereit sein, ganz bewußt unseren Weg zu suchen und die Torhüterin finden zu wollen – dann können wir uns auf die kosmischen Rhythmen einstimmen, die uns beim Weitergehen führen können.

Wenn diese Karte schwach aspektiert ist, kann sie übergroße Empindlichkeit für emotionale oder psychische Einflüsse anzeigen, die Klientin kann davon von ihrem Zentrum entfernt werden. Da dies die Karte der Fische ist, ist hier die Möglichkeit angedeutet, ein gutes Medium mit klarem Blick zu sein. Die Klientin muß sich daran erinnern, daß sie am Anfang ihrer Entwicklung steht und darf ihr Studium oder ihre Meditation nicht vernachlässigen, wenn sie tiefere Kenntnisse erlangen möchte. Wenn diese Karte auf dem Kopf liegt, kann die Klientin ohne Kontakt zu ihren Gefühlen sein oder eine Neigung eher zur Selbstaufopferung als zum wirklichen Dienen haben.

III Liebe **Luft**

Die Krise in der heutigen Welt betrifft die Lebensqualität, und die dritte Karte erinnert uns daran, daß die Liebe das Gewebe des Lebens bleibt. Drei ist die Zahl der Verbindung und diese Zwillingskarte zeigt, daß die Klientin mit den Energien ihrer Umgebung in Kontakt steht. Da sie, wenn sie sich auf ihr Zentrum konzentriert, in der Lage ist, die lebensspendende Stimulanz der Atmosphäre zu empfinden, kann sie diese Macht alchemistisch nutzen, um einen Wechsel anzubahnen. Das Wissen der Klientin um die versöhnende Kraft der Liebe im Universum versetzt sie in die Lage, durch ihre Lebensweise ein Kanal des Ausdrucks dieser Kraft zu werden. Daher übernimmt sie persönliche Verantwortung für die Beendigung des Leids und ist deshalb eine derjenigen, die helfen können, die Welt zu retten. Jede, die kann, ist jetzt aufgerufen, auch wenn wir meinen, noch nicht dazu bereit zu sein. Die Karte der Liebe erinnert uns an diese Arbeit. Suchen Sie nach der überall vorhandenen Liebe und bringen Sie sie zum Ausdruck – sie wird verstärkt zu Ihnen zurückkommen.

Diese Karte wird die Karte der Wahl genannt. Wie wir uns entscheiden, in diesem Leben die Lektionen der Liebe lernen zu wollen, wird sehr stark unsere eigene Erfahrung und unser weiteres Karma beeinflussen. Wenn die Klientin von gegensätzlichen Kräften getrieben wird, können sich der Wunsch nach emotionaler und nach spiritueller Liebe widersprechen. Liebe ist der alchemistische Katalysator, den wir benötigen, um das Gefühl für Ganzheit zu empfinden, das wir zum Überleben brauchen. Es ist wichtig, die brennenden Flammen der Leidenschaft oder die wässrigen Sehnsüchte nach Lust nicht mit dem spirituellen Verlangen nach der umfassenden Würde uneigennütziger, gefühlvoller Liebe zu verwechseln. Wenn die Klientin eine Beziehung hat, muß sie besondere Aufmerksamkeit darauf richten, die Liebe am Leben zu erhalten. Da dies die Karte von Cardea ist, der späteren Göttin Flora, flüstert der Wind ihre Botschaft der Liebe als Inspiration für alle, die in einem heiligen Hain zuhören. Lassen Sie sich von der Vitalität dieser Energie von der Liebe erzählen.

Falls diese Karte schwach aspektiert ist, kann sie einen Mann anzeigen, der zwischen zwei Frauen steht oder die patriarchalische Institution der Ehe, die Frauen zu Sklavinnen macht. Obwohl uns gelehrt wurde, daß solche Vereinigungen durch die Liebe bestimmt sind, werden sie zu oft zu Gefängnissen, besonders wenn sie von Gelübden der Kirche eines männlichen Gottes gehalten werden. Liegt diese Karte auf dem Kopf, kann sie die Auflösung einer gesetzlichen Ehe anzeigen.

IV Die Älteste **Erde**

Die Älteste ist die Karte weltlicher Autorität, die durch die Kenntnis sozialer Normen entstanden ist, und dieses Wesen hält die Menschen aufgrund ihrer Erfahrung in Bann. Sie ist in der Lage, soziale Unterschiede dank ihrer Vertrautheit mit den Traditionen der Gesellschaft zu überbrücken. Im Ägyptischen Zigeunertarot ist hier eine Frau abgebildet, die ein Tau-Kreuz hält, um das sich zwei Schlangen winden – dieser Caduceus zeigt die versöhnenden Kräfte einer Person an, die im Sinne ihrer Gruppe klug ist und geschickt zusammenführen kann. Als erste Erdkarte der Großen Arkana repräsentiert die Älteste die Verwurzelung der Persönlichkeit in den praktischen Lebensbedingungen.

Diese Karte zeigt eine harmonische und stabile Beziehung zu den materiellen Kräften der Gesellschaft an. Die Beliebtheit der Klientin als Führende beruht auf ihrem Ruf, klug zu sein – eine der vier Haupttugenden im Mittelalter. Das Individuum hier hat mit dem öffentlichen Leben zu tun und besitzt weltliche Autorität; sie kann mit Ordnungsinstitutionen oder -systemen befaßt sein. Mit dieser Karte ist die Göttin Salma gemeint, der zu Ehren Palmwedel geschwungen werden.

In der Frühzeit des Patriarchats mußten Frauen sich so wie Männer kleiden, um soziale Achtung zu erlangen, und in der Kirche mußten sich Männer wie Frauen anziehen, um die spirituelle Führung an sich zu reißen. P. C. Smith geht auf dieses Phänomen ein, indem sie in ihrer Abbildung der Herrscherin mit Kleidung beider Geschlechter ausstattet. In diesem Sinn hat die Karte mit der materiellen Kraft der Unterdrückung zu tun: brutale Gewalt, Unterwerfung der Natur, Gefängnisse und Armeen.

Diese Karte des Steinbocks kann, wenn sie nachteilig aspektiert ist, ein Individuum zeigen, das in Veränderungen übertrieben planvoll vorgeht und nicht auf schnelle Bewegungen eingehen kann. Solche Personen sind vor allem damit befaßt, ihre Macht zu erhalten und sind oft unfähig, an die Bedeutung einer außerhalb des Weltlichen liegenden Realität zu glauben.

V Der Wagen (Selbstdisziplin) Feuer

Der Wagen der Selbstdisziplin ist die zweite Karte der Großen Arkana, die den Willen darstellt. Die Klientin hat sich selbst durch jedes der vier Elemente erschaffen und ist jetzt bereit, sich der Welt zu stellen. Ihre Willensstärke wurde geprüft, ihre Intuition konzentriert, und diese vereinigte Energie kann sie in ihre gewählte Richtung bringen. Wenn der Wille die Persönlichkeit geeint hat, das Ego und den Geist, kann das Selbst sich direkt verwirklichen. Die linke und die rechte Gehirnhälfte sind im Begreifen und Verlangen integriert und ermöglichen der Klientin, sich ungehindert auf ihr Ziel hinzubewegen. Wenn die Absichten der Klientin jedoch geteilt sind, kann sie bewegungslos bleiben, festgehalten von den Kräften aus verschiedenen Richtungen. In diesem Fall wird sie zwei oder drei Dinge mit beschränktem Erfolg tun.

Es ist möglich, daß die Klientin eine Rechtsangelegenheit durchstehen muß. Wenn sie zu penibel ist, wird ihr Erfolg erschwert. In ähnlicher Weise kann die verstärkte Anstrengung unharmonisch werden, wenn sie getrennte Elemente ihrer Persönlichkeit zu nachdrücklich zusammenbringen will. In einem unentwickelten Wesen kann diese Karte auf Rache hinweisen.

Diese Karte wurde auch Sieg oder Der Eroberer genannt. In der kabbalistischen Tradition wird Yaweh in einem Karren sitzend gesehen, häufig wird das Bild dieser Karte so entschlüsselt. Für die Druiden gehört diese Karte zu Awen und wird durch einen Pfeil dargestellt. In der dianischen Tradition wird hier die Göttin Rhiannon angezeigt, eine Version der Pferdgöttin, die mit der Tagundnachtgleiche im Herbst in Verbindung steht. Der Karren ist die Karte des Schützen und kann Reisen mit dem Auto, Zug, Flugzeug oder Raumschiff anzeigen.

VI Die Matriarchin **Erde**

Die Matriarchin zeigt harmonischen Fortschritt in der Entwicklung der Beziehung der Klientin zu den Erdkräften. Sie bezieht ihre irdische Autorität aus ihrer schöpferischen und großzügigen Verbindung zu den Naturgewalten. Da sie in der materiellen Welt zu Hause ist, kann sie entspannt und wohlwollend führen. Sie fühlt die Vibrationen der Erde und wendet Feng Shui oder Geomantik an, um ihre Energien auf den Drachen abgestimmt zu halten. Als starke Erscheinung ist sie hartnäckig und vielleicht kommen andere zu ihr, um Schutz oder Anleitung zu erbitten.

Diese Karte zeigt die Fähigkeit, etwas Materielles zu schaffen, das auch ohne die Klientin weiterbestehen kann. Damit kann künstlerische Kreativität oder soziale Bindung gemeint sein, da die Matriarchin Energie zur Verfügung hat, um soziale Beziehungen zu stützen. Juno oder Siri, die Göttin des Glücks und der Fülle, ist hier dargestellt. Diese Karte kann jemanden zeigen, die in der Naturbewegung arbeitet oder erfolgreich „neue Wege“ anlegt.

Wenn sie nachteilig aspektiert ist, kann diese Stierkarte auf jemanden hinweisen, die zu sehr sinnlichen Freuden nachhängt, die ihre schöpferische Energie in einer ständigen Flut von Ankündigungen verschwendet. Sie ist unfähig, sich zu beherrschen und ist stolz auf ihre Schönheit, mit der sie dauernd angibt. Ihre Eitelkeit wird vielleicht von Faulheit ergänzt, und die Klientin kann bürokratische Tendenzen haben.

VII Die Bewahrerin der Geheimnisse (Prophetin) — Luft

Die Bewahrerin der Geheimnisse oder Die Prophetin ist Karte Sieben der Großen Arkana. Diese magische Karte der Offenbarung ist der Drachen der Lüfte, die Karte von Uranus. Das Tarotdeck enthält einen Drachen in jedem Element, und dieser Drachen der Seele ist der einzige, der im ersten Abschnitt der Schleife auftaucht. Wer die Botschaften versteht, die diese Karte übermittelt, könnte den Weg der Erleuchtung betreten.

Als wahre Priesterin des Kartendecks enthüllt die Göttin Pythia die Geheimnisse Rahab und bietet der Fragenden, die sich selbst gestaltet, spirituelle Leitung an. Diese Figur, die auch als Das Vorbild oder Das Kahuna bekannt ist, verkörpert moralische Weisheit in ihrem Alltagsleben und ist oft eine zuverlässige Lehrerin. Die Klientin hat hier in diesem oder einem anderen Leben Fortschritte in ihrem Einblick in okkultistisches Wissen und in ihrer Fähigkeit, esoterische Fragen zu begreifen, gemacht. Sie kann den Wind hören und verstehen, der in allen Phasen des Jahres heult und flüstert, schreit und seufzt. Da sie darauf vorbereitet ist, mit ihrem Wissen Verantwortung zu übernehmen, erhält die Klientin jetzt die Schlüssel zu den verborgenen Geheimnissen, den ungesehenen Sphären. Falls diese Karte negativ aspektiert ist, kann sie die hierarchische, autoritäre Kirche darstellen, und auch ein Festhalten an rituellen Formen, ohne daß deren spiritueller Gehalt entschlüsselt würde. Der potentielle Dogmatismus mißbrauchter Luftkräfte ist immens; H. P. Blavatzky erinnert uns hier: „Intellekt ist der größte Mörder des Wirklichen." Die andere Schwäche bei dieser Karte ist der Aberglaube, eine Gefahr, die wahrscheinlich im Vordergrund steht, es sei denn, daß die wahre Natur der Sieben im Neuen Zeitalter verstanden wird. Die Klientin kann in Gefahr sein, einen Messiaskomplex zu entwickeln und möglicherweise völlig unnötig die Weisheit, an der sie Anteil hat, zu mystifizieren.

VIII Kraft (Mut) — Erde

Die Kraft repräsentiert Mut und Macht in der stofflichen Welt und zeigt die erfüllte Beziehung der Klientin zu ihrer Umgebung. Die Harmonie, die sie erreicht hat, gestattet ihr, die Erdenergien zu beeinflussen. Da sie in der Natur zu Hause ist, kann sie sich mit den unsichtbaren Gewalten verbinden, um das zu erhalten, was sie möchte. Ihre Lebensenergie ist sehr stark. Der hier vertretene Charakterzug ist auch als Standhaftigkeit – eine weitere der vier mittelalterlichen Haupttugenden – bekannt, und die Klientin hat die Selbstdisziplin zu beharren, da sie weiß, daß sie sich auf dem fruchtbarsten Weg für ihre eigene Entwicklung befindet und daß die Arbeit, die sie leistet, ihre alchemistische Intensität verstärken wird.

Kybele, die Königin des Sommers, ist hier dargestellt. Der Löwe und die Hummel wie auch die Eiche sind ihr zugeordnet, alles Symbole für große Kraft und Schönheit. Es wird behauptet, daß die Sphinx Kybele darstellt – ein Wesen, gebildet aus Löwe, Frau, Adler und Kuh, die alle der Göttin heilig sind. Eine Klientin, die sich ihrer Macht in der Welt bewußt ist, wird jetzt den Mut haben, sie mit Ruhe und klaren Vorstellungen einzusetzen. Wie bei allen anderen Karten besteht auch hier die Gefahr, egoistisch zu sein oder nur für die eigenen, persönlichen Ziele zu arbeiten. Eine andere Bezeichnung der Karte lautet Die Zauberin.

Abb. 6: Große Arkana, Achte Karte – Kraft

Da dies die Karte der Venus ist, wird die Klientin Sinnlichkeit genießen und erfahren, wie sie sich angenehme Erlebnisse verschaffen kann. Es gibt eine Legende, daß Bewohner der Venus die Erde kolonisierten, und es ist sicher, daß zwischen Venus und Gaea ein fruchtbares Verhältnis besteht. Dies ist eine Karte für Optimismus. Da die Klientin sehr geschickt darin ist, den alchemistischen Löwen zu zähmen, muß sie mit ihrer Fähigkeit zu verzaubern sorgsam umgehen und sich vor Besitzdenken hüten.

IX Gerechtigkeit (Die Wahrheit) Luft

Die Gerechtigkeit, eine Kardinaltugend, wird von der Göttin Parthenas dargestellt, die jene beschützt, die sich selbst mit wachem Bewußtsein entwickeln. Diese Karte spricht über die übernommene Verantwortung für die Wahrheit, und ist deshalb auch mit der ägyptischen Göttin Maat verbunden. Mit der klaren Vision des dritten Auges kann das Individuum die Wahrheit direkt erkennen und die natürlichen Gesetze der Harmonie verkünden. Daher ist die Klientin mit dieser Karte diejenige, die das Recht gibt, die Hüterin der Gerechtigkeit.

Es ist wichtig, daß ihr Blick vom guten Willen gelenkt wird und sie in Betracht zieht, wie die Menschen wirklich sind und wie der Idealzustand, den wir vielleicht erreichen, aussieht. Das erhobene Schwert repräsentiert Gnade und Mitleid und erinnert uns an diese Haltungen. Ohne diese Eigenschaften wird die Klientin durch ihre Unversöhnlichkeit isoliert werden. In ähnlicher Weise wird Härte auf sie zurückfallen, wenn sie in ihren Entscheidungen hart urteilt. Hilfreich kann sein, über Quan Yin, die buddhistische Göttin der Barmherzigkeit, zu meditieren, wenn Sie über diese Karte nachdenken.

Dies ist die Karte der Waage und sie zeigt an, daß die Klientin nach mentaler Integration oder Balance streben und sich dabei dessen bewußt sein sollte, daß übertriebene mentale Aktivität schwer zu beherrschen sein kann. Die mentale Energie unserer Kultur bedeutete, daß das Wesen, das hier bezeichnet wird, an die Stelle der Erdmutter in Delphi trat, als sie von der Erde in den Himmel überging. Damals geschah eine Störung der Beziehungen, die nie beseitigt wurde. Der empfindliche Scharfsinn der Klientin kann sie dazu befähigen, die Harmonie in den Verhältnissen der Elemente wiederherzustellen.

Bei dieser Karte besteht die Gefahr der Oberflächlichkeit, ein Eindruck von Ruhe und Kontrolle, der ein bewegtes Innenleben verdeckt. Die Macht, die in der Rolle der Hüterin der Gerechtigkeit liegt, kann sehr verführerisch sein. Nur wenn Sie sich daran erinnern, daß Sie sich durch Ihre Bemühungen selbst erschaffen, kann es eine bescheidene und befreiende Erfahrung sein, die Verantwortung für die Wahrheit zu übernehmen.

Mit dieser klaren Einsicht ist das Individuum jetzt bereit, eine weitere Drehung in der Spirale ihrer Entwicklung zu gehen, in den nächsten Abschnitt der Schleife.

X Rad des Glücks **Feuer**

Das Rad bewegt die Energie unseres Lebens. Die Kraft, die manchmal als Karma oder Schicksal bezeichnet wird, treibt uns vorwärts auf dem Weg, den wir durch unsere Taten für uns selbst gewählt haben. Jeden Tag gestalten wir unsere Zukunft, indem wir uns auf einige Möglichkeiten konzentrieren und die Chancen anderer durch die Weise, wie wir unsere Kraft einsetzen, verringern. Wenn diese Karte in einem Spiel erscheint, beginnt ein neuer Lebensabschnitt für die Klientin, die auf der Spirale ihrer Entwicklung unterwegs ist. Wie die Zahl zehn anzeigt, ist das Leben der Klientin jetzt ausgefüllt; das Potential dieses Momentes – der aktuellen Situation – ist ausgeschöpft, und sie bewegt sich in einen neuen Lebensraum.

Wie bei rückläufigen Planeten kann es Zeiten geben, in denen Ihr Leben sich rückwärts zu bewegen scheint, aber Sie werden immer mit Möglichkeiten konfrontiert zu lernen und sich zu entwickeln, und Sie werden niemals etwas genauso noch einmal erleben. Als Karte des Mars' repräsentiert das Rad die Quelle kosmischen Drucks in unserem Leben. Versuchen Sie, den verborgenen Hintergrund dieser Lektionen zu erfahren.

In der hinduistischen und buddhistischen Mythologie gehört diese Karte zur Göttin Kali – Die Zerstörerin, deren Zeitalter, in dem wir jetzt leben, 423000 Jahre dauern wird. Diese Karte wurde auch Lebensspirale oder Zeitkreis genannt. In der dianischen Tradition ist hier die Göttin Trivia, Herrin der Kreuzwege, dargestellt. Die durch diese Karte angegebene Veränderung kann einen Bruch in der Lebensweise bedeuten, und die Klientin kann versucht sein, die Verantwortung für die Richtung, in die sich ihr Leben bewegt, aufzugeben. Es ist wichtig, daran zu erinnern, daß wir unser Leben selbst gestalten und am meisten lernen, wenn wir für unsere Erfahrungen selbst verantwortlich sind. Aufmerksame Zielstrebigkeit wird den Weg aus tiefstem Sinn und großer Erfüllung bauen.

XI Die Weise Frau (Die Geomantin) — Erde

Mit ihrer Lampe, die die Form eines Stundenglases hat, und ihrem Licht im Umriß eines achtzackigen Sterns, wird auf dieser Karte Diana gezeigt, die die Jahreszeiten einteilt und die Öko-Harmonie in der Welt erhält. Elf ist die Zahl des Tao. Als Erdwahrsagerin versucht dieses Wesen, die Bedeutung dieser irdischen Inkarnation zu ergründen. Die Grüne Tara, Bodhisattva des Mitgefühls, kann ihr helfen, den Weg des Drachen festzuhalten. Bei der Suche nach ihrer Beziehung zum Kosmos wird die Klientin ihre Konzentration in Einsamkeit entwickeln und lernen, neue Bedeutungen aus den Signalen und Zeichen der Welt zu ersehen. In ihrer Deutung der Symbole wird sie genau und behutsam vorgehen. Ihre Attribute sind Mitgefühl und Stille.

Das Individuum mit dieser ersten Karte des zweiten Teils der Schleife kennt sich selbst und hat die Quelle ihres inneren Lichts gefunden. Obwohl sie es mit einem Geheimnis umgibt, ist sie doch darauf vorbereitet, anderen ehrlich Suchenden den Weg mitzuerleuchten. Diese Karte der Jungfrau zeigt, daß die Klientin „ganz bei sich" ist, wie die Tempeljungfrauen früherer Zeiten, und nicht leichtfertig ihr Licht und ihre Kraft verausgabt. Eine Klientin mit dieser Karte weiß, wie wichtig es ist, nach dem eigenen Zentrum zu suchen und es zu bewahren. Es kann auch ein Orakel oder der Besuch bei einem Orakel mit dieser Karte gemeint sein.

Diese Karte kann auch den Einfluß rückläufiger Planeten auf die Klientin darstellen und aussagen, daß sie bei der Suche nach sich selbst den Wald vor lauter Bäumen nicht sieht. Eine Klientin mit dieser Karte muß oft daran erinnert werden, daß die so lange und einsame innere Reise ihr den inneren Frieden durch Selbstverwirklichung bescheren wird, und daß solche Arbeit im Dienst der universellen Mutter geschieht. Jede Frau, die den Mut hat, sich selbst zu suchen und zu begegnen, wird die Anwesenheit der Göttin in der Welt fördern.

Wenn diese Karte negativ aspektiert ist, kann sie auf eine Klientin hinweisen, die detailbesessen oder selbstsüchtig, unter Mißachtung des Lebens um sie herum, mit ihrer eigenen Entwicklung beschäftigt ist. Arrogante Falschheit kann die Klientin zu der Annahme gebracht haben, sie könne andere führen, bevor sie sich selbst kennt. Wenn es um irgendeine patriarchalische kirchliche Institution geht, kann die Klientin damit rechnen, auf Heuchelei und Betrug, Korruption und Lügen zu stoßen.

XII Hängen (Heilen) — Luft

Diese Karte repräsentiert die Gelassenheit und Gesundheit, die mit einer inneren psychischen Wendung einhergehen. Die neue Perspektive, die sich durch diese Erfahrung einer plötzlichen Einsicht bietet, bringt ein unmittelbares Glücksgefühl, eine tiefe Freude, die im ganzen Leben der Klientin eine versöhnliche Energie ausstrahlt.

Obwohl diese Karte traditonell als „Opfer“ verstanden wurde, kann uns der jetzt stattfindende Zusammenbruch von Materialismus und männlicher Vorherrschaft helfen, den Irrtum dieser Interpretation zu verstehen. Der jährliche Tod des Gottes Osiris war in Wirklichkeit die Rückkehr der Verkünderin und Göttin Isis in die Unterwelt durch den Os, das Tor der Hölle. Daher werden die zyklisch wiederkehrende Zeit der Trauer und die verändernden Kräfte Merkurs durch diese Karte dargestellt. Der Glaube daran, daß die Kraft der Wahrheit Sie in Ihrem Leben unterstützen wird, ist der Einblick, der hier gewährt wird, und die Karte zeigt das Vertrauen der Klientin. Da hier die Schöpferin der Alphabete dargestellt ist, bietet sich hierüber der Zugang zu den Runen. Artemis Caryatis, Göttin der Inspiration und Versöhnung, bewacht den Eingang.

Wenn diese Karte negativ aspektiert ist, kann sie Unbeweglichkeit darstellen, ein „Energieloch", das die Klientin von Aktivitäten abhält, mit denen Sie einiges an der Unterdrückung in ihrem Leben verändern könnte.

XIII Tod (Veränderung) **Wasser**

Der Tod, die dreizehnte Karte, verkörpert tiefgreifende persönliche Veränderung. Es ist notwendig zu sterben, um wiedergeboren werden zu können. Das Ausmaß dieser Veränderung ist abhängig von der Bereitschaft der Klientin, sie muß sich selbst nach ihren echten Absichten suchen.

Diese Karte stellt symbolisch die Rückkehr zur wahren Quelle der Kraft in den Wassertiefen des Ursprungschaos dar. Die Mutter der Welt, die alles Leben erschafft, ist die ursprüngliche Leere, zu der alles zurückkehrt. Dieses Bild und die mit ihm verbundene Zahl haben die meisten Ängste des Patriarchats ausgelöst und auch zu spüren bekommen. Frauen, die der Göttin dienen, müssen sich und uns von der Bürde maskulinen Denkens befreien, bevor wir willig den Wein des Lebens aus den Energien dieser Karte in uns aufnehmen können.

Diese Karte zeigt selten einen physischen Tod an und diejenige, die Karten legt, sollte nach vielen anderen Anzeichen dafür suchen – sowohl in den Karten selbst als auch in ihrer psychischen Eingebung –, bevor sie eine solche Interpretation annimmt. Normalerweise wird die Erfahrung angezeigt, daß die Trümmer einer Lebensweise, die sich erschöpft hat, weggeräumt werden, und die Klientin kann das Gefühl haben, ihrer Ansprüche beraubt worden zu sein. Diese oft unerwartete Veränderung, die aus vorausgegangenen Umständen erwachsen ist, wird die Klientin wahrscheinlich geläutert entlassen, in Vorbereitung auf ihr neues Leben. Da diese Karte die Wasserhexe ist, stellt sie eine Meeresschlange dar und ist der Wasserdrachen des Tarot. Sie steht mit Pluto in Verbindung und mit der Göttin Sedna, der Eskimokönigin der Meeresungeheuer. In der keltischen Mythologie gehört diese Karte zu den Moirae oder Schicksalsgöttinnen und ruft die Verantwortlichkeit der Klientin für ihr eigenes Schicksal ins Gedächtnis.

XIV Der Donnerschlag/Der Blitz Feuer

Die vierzehnte Karte ist der Feuerdrachen. Obwohl sie normalerweise als vom Blitz getroffener Turm, als Gefängnis oder als Haus Gottes bezeichnet wird, nenne ich sie lieber Der Donnerschlag oder Der Blitz. Denn das himmlische Feuer erhellt und ermöglicht uns, die Wirklichkeit direkt zu erkennen. Diese Karte repräsentiert das Feuer im Regen, die Befreiung der schöpferischen Kraft des Geistes in der Umgebung, die durch die Intuition der Klientin entstanden ist. Die Auffassung der Klientin von der sozialen Ordnung, deren Charakter und ihrem eigenen Platz darin werden durch ihre Wahrnehmung weggefegt. Gelegentlich wurde diese Karte durch die steinzeitliche Doppelaxt – mit der Könige enthauptet wurden – dargestellt und manchmal als Vulkan bezeichnet, um uns daran zu erinnern, daß wir diese Erfahrung aus unserer eigenen Willenskraft hervorbringen und uns nicht als ihr Opfer sehen dürfen.

Die Niederlage der herrschenden Ordnung zerstört vorhandene Ansichten über soziale Strukturen, die den Geist der Klientin gefangengehalten haben. Sie ist sich vielleicht überraschend der Falschheit der patriarchalischen Gesellschaft bewußt geworden. Ob diese Erfahrung eine Läuterung ist oder Verwüstung anrichtet, hängt von der Klientin selbst ab. Jene in ihren Elfenbeintürmen werden krachend zu Boden stürzen und versteckte psychische Kräfte werden freigesetzt. Prana wird als ein Wesen „hell wie der Blitz" beschrieben, und eine Klientin mit dieser Karte kann sich auf einen harten Schicksalsschlag vorbereiten. Dieses überraschende Ereignis wird uns an die Vergänglichkeit der stofflichen Existenz erinnern und der Klientin eine Ahnung von Erleuchtung geben. Solche dramatischen, erhellenden Momente sind notwendig, um Hindernisse für die Gestaltung einer neuen Lebensweise aus dem Weg zu räumen. Neptun, der mit dieser Karte in Verbindung steht, bringt Offenbarung durch Erfahrung. Die Göttin Tina, die mit einem dreifachen Blitz oder einem Dreizack bewaffnet ist, ist hier abgebildet.

Ist diese Karte schlecht aspektiert, so widersetzt sich die Klientin ganz bewußt den Kräften ihrer eigenen Entwicklung und macht diese Erfahrung auf harte und beängstigende Weise, da sie sich nicht darauf vorbereitet hat. Das kann bedeuten, daß sie an überkommenen Strukturen festhält, weil sie verzweifelt Sicherheit sucht oder sich ihren Platz in einer Hierarchie erhalten will. Für die Welt stehen große Veränderungen an – einige nennen das Große Reinigung – und jene, die nicht freiwillig mit der Welt Schritt halten, können durchaus aus ihrer Selbstzufriedenheit geschleudert werden.

XV Mäßigkeit **Wasser**

Mäßigkeit, die fünfzehnte Karte, stellt die Zeit dar, die Ewige Alchemistin. Da sie auf dem fünfzehnten Platz liegt, ist sie der Angelpunkt oder das Zentrum des äußersten Randes der Schleife und trägt diese Kraft und Verantwortung mit Leichtigkeit. Diese Karte erinnert uns, daß Veränderung das Gesetz der Natur ist, und daß alle Elemente durch die Arbeit der Zeit umgewandelt werden. Iris, die Göttin des Regenbogens, Botin der Himmel, wird dargestellt, wie sie die Wasser der Erkenntnis mischt. Mäßigkeit ist die einzige mittelalterliche Kardinaltugend, die im letzten Teil der Schleife erscheint. Da die anderen Aussagen schon früher in der eigenen spirituellen Entwicklung aufgenommen wurden, folgt die Herausbildung eines maßvollen Charakters vielen formenden Lebenserfahrungen und bereitet uns auf die höheren Stufen der Selbstverwirklichung vor.

Da die Klientin sich harmonisch mit der Zeit bewegt, fühlt sie sich ganz in das Jetzt eingebettet und durch die tiefe Resonanz gestärkt, die solcher Gleichklang bewirkt. Eine Klientin mit dieser Karte hat wahrscheinlich das Gefühl, endlich bei sich zu sein, und die Zeit „auf ihrer Seite" zu haben. Da dies die Karte von Jupiter ist und ebenfalls mit dem Kessel von Cerridwen in Verbindung steht, gibt es hier eine Offenheit, die die Klientin optimistisch stimmen kann. Ihre gelöstere Seele wird tiefere Bedeutungen leichter aufnehmen und die Zeitlosigkeit des Lebens anfangen zu begreifen. Die Klientin spürt vielleicht, daß sie die Kunst der Geduld erlernt. Die Befreiung der schöpferischen Vorstellungskraft der Klientin wird dazu beitragen, daß sie sich ausgesöhnt fühlt mit den Wellen der Energie, die die Gezeiten des Lebens sind. „Alles, was sie berührt, wird von ihr verändert – alles, was von ihr verändert wird, berührt sie."

Wenn diese Karte schwach aspektiert ist, kann sie eine Klientin zeigen, die mit der Zeit über Kreuz liegt, die versucht, Dinge auszuführen, für die kein echter Antrieb vorhanden ist. Sie kann auch frustriert von ihren Versuchen sein, die einigenden Kräfte des Lebens zu verstehen und sich zu endlosem Kämpfen verdammt fühlen.

XVI Der Erddrachen — Erde

Der Erddrachen ist sehr bedeutsam, besonders für jene, die die dianische Kunst praktizieren. Denn die physische Existenz als einen zentralen Aspekt unseres spirituellen Wesens anzusehen ist ein Beitrag, den die feministischen Hexen für ein neues Wirklichkeitsverständnis leisten. Nur wenn wir eine solche Integration vornehmen, können wir hoffen, den Planeten vor Zerstörung zu retten und so Leben auf der Erde weiterhin zu ermöglichen. Sensibilität für Erdenergien wird uns helfen, die richtigen Grundlagen zu haben und uns der zwingenden Einschränkungen bewußt zu sein, die wir um des Überlebens willen akzeptieren müssen.

Wenn wir damit aufhören, unsere körperlichen Realitäten zu verstecken und beginnen, sie zu lieben und die Schönheit ihrer Bedürfnisse zu akzeptieren, dann können wir nicht länger versklavt werden. Dann werden wir wirklich in der Lage sein, unsere Gefühle zu lenken, so daß wir Spaß am Leben haben, ohne von unseren Gelüsten überwältigt zu werden. Freude ist ein wesentlicher Bestandteil von Lebendigkeit, aber die Intensität von Gefühlen muß kanalisiert werden. Im gemeinsamen Schwingen mit unseren Schwestern Gaea, Luna und Grainne können wir uns in die Musik der Sphären einbringen und so den Wirklichkeitssinn auf der Erde sicherstellen. Diese Karte erinnert uns daran, daß es auch möglich ist, uns selbst die Energie zu erhalten, die wir beim Kampf gegen unabänderliche Beschränkungen verschwenden.

Die Göttin dieser Karte ist Marpessa, die alte Säerin, die wie Saturn, der Planet dieser Karte, die Windersonnenwende beherrscht. Diese gute Göttin steht auch mit BonaDea in Verbindung und würde nur für Frauen weissagen. In einem gemischten Ehrentempel gehört diese Karte auch zu Pan, dem Neugierigen. Einige möchten gern, daß wir diese Karte „Teufel“ nennen. Aber Sybille Leek erinnert uns: „Die Reinkarnation lehrt uns, daß jede ihren eigenen karmischen Weg beschreiten muß, die Existenz eines Teufels ist dabei nicht anerkannt. Darunter werden die eigene Beschränktheit, Gier und Dummheit verstanden.«

XVII Der Stern **Luft**

Der Stern der Hoffnung zeigt das Neue Zeitalter an, in das wir jetzt eintreten und repräsentiert echten Individualismus, die Furchtlosigkeit der Klientin, nackt durch die Welt zu gehen, ohne den schützenden Mantel ihrer Persönlichkeit. Wenn wir zurückschauen auf das gerade zu Ende gehende Wasser-Zeitalter der sich selbst verleugnenden Fische und in die Zukunft auf das praktische Zeitalter des Steinbocks sehen, dann erkennen wir, daß der Wassermann den Zwischenraum überbrückt und die spirituelle Reinigung der Menschen durch unser zukünftiges Wissen repräsentiert.

Hathor, Königin des Himmels, ist die Kuhgöttin. In dieser Ära werden die okkultistischen Wissenschaften Allgemeingut werden und esoterisches Gedankengut wird weit verbreitet sein. Mit dieser neuen Vision wird eine Verpflichtung, Gaea zu ehren, entstehen. Himmel und Erde werden durch die Entschlossenheit der Menschen wieder vereint sein. Die Klientin hat die Gelegenheit, sich in Harmonie mit den Energien dieser Zeit zu bewegen. Wenn sie ein sensibles Wesen ist, wird sie auf die himmlische Führung eingehen können, die sich über die Erde und ihre Bewohner ergießt.

Diese Karte sollte acht achtzackige Sterne zeigen. Crowley und andere, die seinem Weg gefolgt sind, zeigen siebenzackige Sterne. Obwohl die Sieben in der westlichen Mystik eine Schlüsselzahl ist, erhält diese Kraft doch nur in einem moralischen/spirituellen Zusammenhang eine Bedeutung. Sieben ist die Zahl der Magie, acht die der Anwendung, die Geschicklichkeit und Kenntnisse entwickelt. Wer die Weisheit nutzt, die aus dem Dienen gemäß den leitenden Prinzipien dieses Zeitalters erwächst, wird sicher ein Avater.

Der achtzackige Stern ist auch ein Symbol des Islam, der patriarchalischen Religion, die in dieser Zeit die Vorherrschaft anstreben wird. An Hathor wird in der moslemischen Welt durch die Hand Fatimas gedacht, die oft mit kuhartigen Figuren dargestellt ist. Hier können wir etwas über die Gefahren lernen, die die Klientin bedrängen können – die

Ablehnung ihrer schöpferischen Kraft: Unterwerfung und Dienen innerhalb des Patriarchats akzeptieren; der Glaube an ihre Seelenlosigkeit, der ein Gefühl von Sinnlosigkeit fördert. Das Neue Zeitalter fordert auch zu übertriebenem Individualismus und Opportunismus auf – so wird die Offenheit dieser sich verändernden Zeiten ausgenützt, um das persönliche Glück voranzubringen, ohne Rücksicht auf die Gemeinschaft oder auf Gaea. Allerdings wird der klare Blick des Neuen Zeitalters deutlich machen, daß ihm niemand ausweichen kann, sogar wenn die Klientin nicht in der Lage ist, an dem neuen Lebensgefühl teilzuhaben. Diese Karte kann zeigen, daß Sie versuchen, sich über Ihr Verhältnis zum New Age Klarheit zu verschaffen, und ihre Plazierung innerhalb eines Spiels wird für die Auslegung dieser Karte besonders wichtig sein.

XVIII Der Mond **Wasser**

Der Mond ist der Spiegel der Seele und dies ist eine Karte tiefer Selbsterkenntnis. Im Sonnenzeitalter, in dem wir uns jetzt befinden, ist es mit seiner Betonung des leuchtenden Lichts schwierig geworden, die wahren Eigenschaften des Mondes zu würdigen. Ihr Licht ist kalt und zustimmend. Sie fordert keine Opfergaben und ihr Licht scheint nicht ständig. Der dunkle Mond gestattet uns, ganz privat zu sein, Zeiten für nach innen gerichtete Gedanken. Andere Monde werfen Schatten, die erlauben, Möglichkeiten einer Vielzahl von Formen zu erforschen und die die Vorstellungskraft anregen.

Unabhängig davon, ob der Mond voll oder dunkel oder irgendwie in einem Zwischenstadium ist, so übt sie doch ständig Einfluß auf unsere Gezeiten und Zyklen aus. Sie dirigiert nicht nur Ebbe und Flut der Gewässer, auch Luftströme folgen ihrer Anziehung. Das erklärt die enge Beziehung zwischen Mystik und Okkultismus, Intuition und Inspiration, und erinnert uns an die enge Verbindung zwischen der Erde und den Himmelskörpern.

Der Vollmond ist bekannt für ihre starken magnetischen Kräfte, die verborgene Gefühle ans Licht bringen. Diese Empfindungen können uns helfen, ein tieferes Bewußtsein unserer selbst zu erlangen, obwohl die Leidenschaft unseres inneren Feuers zur Selbstzerstörung führen kann, wenn wir es nicht kontrollieren. Unser Charakter und unsere Sehnsüchte werden bestimmen, ob wir das Schattenlicht für Täuschungen nutzen. Diese Karte repräsentiert eine herausragende Gelegenheit zu wachsen und ein Individuum, das entschlossen ist, sich selbst zu begegnen, wird diese Erfahrung schöpferisch anwenden.

Eine vordringliche Schwäche, auf die Sie bei dieser Karte achten sollten, ist übertriebene Emotionalität. In diesem Zustand quält sich die Klientin in ihre eigenen Wassertiefen ab, ist verwirrt durch ihre eigenen Selbsttäuschungen und tendiert zu einer Flucht in die Phantasie. Diese Quellen der Verwirrung können gewohnte Verhaltensmuster in ihrem Leben sein. Eine andere Schwäche, die in dieser Karte steckt, ist ein Hang zum Aberglauben. Angst vor Schatten – ein Bestandteil des sonnenorientierten patriarchalischen Dogmas – erzeugt ein dünnes Nervenkostüm oder mangelndes Vertrauen. Das kann zu einer Überbetonung äußerer Kräfte führen, die dem Mondlicht eine verherrlichte hypnotische Macht über Ihr Bewußtsein zusprechen. Eine solche Klientin wird wahrscheinlich von Reflexionen auf der Oberfläche fehlgeleitet werden und die Tiefen nicht ausloten können. Eine in diesen Problemstellungen verletzliche Klientin wird Rat und physische Hilfe brauchen, um eine robuste Gesundheit zu entwickeln. Sie soll auch daran erinnert werden, daß sie durch regelmäßige Meditationsübungen Macht über ihr Innenleben erhalten kann. Auf diese Weise kann sie eine Harmomie mit ihren Wasserzyklen finden und eine periodische Reinigung in den Wassern weiblicher Weisheit erleben. Eine Klientin mit dieser Karte muß die Veränderlichkeit ihrer Gefühle akzeptieren und darauf vertrauen, daß sich unter diesen Fluktuationen ein klareres Bewußtsein über ihre eigene Natur entwickelt.

Dies ist die Karte des Krebses und traditionell die Göttin

Luna. Die dianische Tradition sieht im Mond auch die afrikanische Göttin Mawu.

XIX Die Sonne **Feuer**

Es gibt drei Mythen über die Erschaffung der Sonne und des Mondes. Die Sonne wird normalerweise als Tochter des Mondes angesehen. Gelegentlich werden sie jedoch auch als Schwestern betrachtet und laut einiger Legenden sind Sonne und Mond lesbische Liebende, die jungfräulich die Erde erschaffen. Die Zahl Neunzehn dieser Karte entspricht der Anzahl der Jahre eines vollständigen Zyklus in der Beziehung Mond – Sonne. So werden die astrologische Weisheit des Tarot und die eingewobenen Bedeutungsmuster wieder einmal deutlich. In Anatolien hieß die Sonnengöttin Arinna, Amaterasu bei den Shinto in Japan und Grainne oder Greine bei den Kelten. Dies ist die Karte des Löwen, und eine ausgebildete Klientin kann ihre Energie nutzen, um ihren Intellekt zum Ausdruck zu bringen. Die Sonne, die eine der letzten Karten in der Reihe der Großen Arkana darstellt, repräsentiert die entwickelte oder „vollständige" Persönlichkeit. Menschen mit dieser Karte haben sich so ausreichend integriert, daß sie erfolgreich wirken können.

Manchmal erreichen wir Erfolg, indem wir unsere Kraft in uns selbst behalten und nur unsere feineren Lichtstrahlen leuchten lassen, wie die Sonne im Frühjahr oder Herbst. Das I Ging spricht von solchen Situationen in Hexagrammen wie „Die Übermacht des Kleinen". In anderen Zeiten kann die Situation die volle Kraft unseres persönlichen Einflusses erfordern, wenn wir uns, wie die Augustsonne, so konstant und so ausdauernd wie möglich bemühen müssen. Wir dürfen die kalte Jahreszeit des Winterschlafs auch nicht vergessen, wenn die Sonne gerade warm genug scheint, um das Leben zu erhalten und sich selbst nicht besonders entwickelt. Wenn Sie also diese Karte für jemanden auflegen, denken Sie daran, daß Erfolg viele Formen annehmen kann. Jemand, die eine nach innen gerichtete Phase durchlebt, kann trotzdem ihre Persönlichkeit höchst wirksam einsetzen, damit sie ihr dabei hilft, ihre Arbeit erfolgreich zu tun.

Abb. 7: Große Arkana, Neunzehnte Karte – Die Sonne

In einigen Tarotdecks gibt es auf dieser Karte zwei menschliche Figuren, jedoch reflektiert das gebräuchlichere Bild mit einer Figur die extreme Vereinzelung in unserer Zeit. Die Sonne kann auch die patriarchalische Entwicklung der Atomkraft darstellen, die Verneinung der Bedeutung des Mondes im täglichen Leben und die sengende Kraft blindwütigen Feuers, das alles, was es berührt, in einer Orgie selbstgerechter Tyrannei zerstört. Befragen Sie Ihre Intuition, wenn Sie diese Karte deuten, um herauszufinden, ob die Klientin zu stark vorwärts drängt, zu gierig und unsensibel in der Situation ist, in der sie Erfolg haben möchte, und wenn es nötig ist, erinnern Sie sie an die Notwendigkeit jahreszeitlicher Rhythmen. Jede von uns hat ihren eigenen Jahreszeitenzyklus, sie können länger oder kürzer als die landwirtschaftlichen sein und können zur selben Zeit wie Zyklen in der Natur stattfinden oder auch nicht. Erfolg stellt sich leichter und dauerhafter ein, wenn wir uns in Harmonie mit den natürlichen Rhythmen unseres Lebens befinden.

XX Gericht (Spirituelle Wiedererweckung) Wasser

Die Karte des Gerichts ist eine Karte über spirituelle Wiedererweckung und kann anzeigen, daß die Klientin sich auf eine Begegnung mit der Herausforderung an diese Welt vorbereitet. Die Karte, auf der häufig ein Engel dargestellt wird, der aus dem Himmel ruft, soll die universelle schöpferische Kraft darstellen, die sich an das innere Wesen der Klientin wendet; wie im mexikanischen Tarot, wo eine herabsteigende Schlange gezeigt wird und die Karte „Krise“ heißt. Als Wasserkarte erreicht uns diese Kraft durch die Musik. Eine Meditationspraxis, die Singen miteinschließt, wird helfen, Ihr inneres Ohr für die Vibrationen dieses spirituellen Klanges zu öffnen. Die mesopotamische Göttin Nammu – das Meer, Erschafferin des Lebens, ist mit dieser Karte assoziiert.

Die Illustration dieser Karte in späteren Decks zeigt die zunehmende Privatisierung und Absonderung, die die Entwicklung unserer Individualität in den vergangenen Jahrhunderten begleitet haben. Von der Gruppe von Menschen, die auf den Abbildungen einiger Kartendecks in einem Meer gemeinsamen Lebens schwimmen, zeigt die Karte in der Gestaltung von P. C. Smith einige in abgeschlossenen, einzelnen Behältern. Der Wahrheitsgehalt ihrer Sichtweise liegt in der ablehnenden Haltung des Mannes gegenüber der himmlischen Botschaft. Im kommenden Zeitalter werden wir echte Eigenständigkeit, ohne falsches Bewußtsein, kennenlernen, das uns entfremdet hat und die Gemeinschaft zerstört.

Da dies die Karte des Skorpions ist, enthüllt sich jetzt, an diesem Punkt des Lebens, der Klientin ihr Karma und ihr spirituelles Potential wird eingelöst. Wenn sie den Ruf ihrer inneren Stimme ignoriert und die innere Reise verweigert hat, bedeutet das Urteil für sie, ihre Emotionen ertragen zu müssen, als Sklavin ihrer Ängste und Sehnsüchte, ohne die Stabilität spiritueller Klarheit – die manchmal Glauben genannt wird – als eigene Quelle für Sicherheit. Wenn Sie aber negativ oder leidend eingestellt sind, werden Sie sich immer und immer wieder Leid verschaffen.

Ist diese Karte schlecht aspektiert, kann sie eine fanatische Klientin anzeigen, die unerbittlich ihre Spiritualität ablehnt odcr aber in religiösen Glaubenseifer versunken ist. Ihre frühere Rachsucht gegenüber anderen fällt vielleicht auf sie zurück. Die Klientin muß jede Situation, in der sie sich befindet, abwägen und entscheiden, ob sie ihr Wachstum unterstützt und, wenn es so ist, wie sie den größten Nutzen daraus ziehen kann. Wenn diese Karte bei einer Klientin wiederholt erscheint, wird ihr damit die Frage nach ihrer spirituellen Regeneration zur Entscheidung vorgelegt. Eine selbstsüchtige Position wird ihr Mühen einbringen, aber die Entscheidung liegt bei ihr allein. Die Wahl, in ein spirituelles Leben aufzubrechen, wird für die Klientin eine neue Zukunft bringen.

XXI Die Welt

Die Welt zeigt ein voll entwickeltes Individuum, das sich jetzt ihrer selbst als eines Wesens dieser Erde bewußt ist und ihre Form gefunden hat. Alle Elemente sind für sie verfügbar, und sie spürt ihre Fähigkeit, alles zu tun, was sie möchte. Achaiva, „Die Spinnerin", eine Form von Demeter, ist mit dieser Karte assoziiert und erinnert die Klientin an ihre Möglichkeiten, ihre eigene Wirklichkeit aus den Fäden ihres Lebens zu weben. Diese Klientin hat sich nicht entschieden oder ihre Energie konzentriert. Sie tanzt noch den Tanz des

Lebens und sonnt sich in ihrem kreativen Potential. Obwohl dies ohne Frage ein angenehmer Zustand der eigenen Wahrnehmung ist, kann eine solche Situation, wenn sie zu lange andauert, die Energie der Klientin verzetteln.

Diese Karte zeigt besonders die spirituelle Entwicklung der Klientin, die Abbildung der vier Elemente durch Darstellung ihrer entsprechenden Zeichen machen uns darauf aufmerksam. Obwohl sie sich seit ihrem Anfang als Die Alchemistin zweimal entwickelt hat, vermeidet sie, sich festzulegen. Die Klientin hat hier die unmittelbare Möglichkeit, ihr Potential zu verwirklichen. Wie sie diese Möglichkeit nutzt, wird über ihre Zukunft bestimmen. Daher wird die Entscheidung der Klientin für ihren Lebensinhalt am glücklichsten getroffen sein, wenn sie damit auf die Bedürfnisse ihres inneren Wesens eingeht.

O Der Narr

Der Narr ist die stärkste Karte im Tarotdeck und im allgemeinen gilt diese Karte als eine, die einen eigenen Abschnitt bildet. Sie enthält alle vier Elemente und symbolisiert den forschenden Geist, ihre Zahl ist daher die Null. Der Kreis der Ganzheit, das Bild des Welteneis, stellt die ursprüngliche Leere dar, aus der jede Form resultiert; der Narr erinnert uns deshalb an die spiralförmige Triebkraft der Evolution. Diese Karte repräsentiert die Frage nach der inneren Wahrheit, die innere Reise, den Weg des Lebens. Ein Individuum mit dieser Karte wird auf ihrer Reise durch das Leben von ihrer Unschuld geschützt, bis sie genügend vom Baum des Lebens gekostet hat. Ab dann wird ihr Schutz aus dem Maß an Verantwortung erwachsen, das sie bereit ist, anzunehmen. Nur wenn sie Wissen erlangen will und sich weigert, Verantwortung zu übernehmen, wird Unglück daraus entstehen. Es ist wichtig, nicht Trägheit mit Unschuld zu verwechseln. Wenn sich Möglichkeiten aufgrund noch nicht entwickelter Aufmerksamkeit auftun, so ist das noch keine Garantie für

Sicherheit. Jede Klientin wird aus dieser Karte das lesen, was ihr inneres Leben zu verstehen in der Lage ist.

Der Narr, der auch „Der Gaukler" genannt wird, kann Verrücktheit darstellen, ein Individuum, das von den Widersprüchen des Lebens so zerrissen ist, daß es seine eigene Wirklichkeit nicht mehr finden kann. Diese Klientin wird von den Mächten ihrer Umgebung herumgestoßen, den Wellen der Energie ausgeliefert, in die sie eingetaucht ist. Meistens hält nur der Glaube an das Leben selbst solch einen Menschen vom Selbstmord ab.

Torheit ist auch eine mögliche Aussage dieser Karte. Eine Klientin, die die Kräfte ihrer Umwelt nicht beachtet, kann auf unerwartetes Mißgeschick stoßen. Nur wenn sie ganz wach und in Harmonie mit den kosmischen Energien ist, wie sie sich in jedem einzelnen Leben verkörpern, kann ein Individuum ungehindert auf ihrem Weg bleiben, befreit von der Wahrscheinlichkeit dummer Irrtümer.

Optimistisches Vertrauen ist das Schlüsselwort des Narren, und die Klientin mit dieser Karte wird wahrscheinlich einen tiefen und festen Glauben an das schöpferische Potential des Lebens, auch ihres eigenen, haben. Sie vertraut auf die Unterstützung des Universums.

Kapitel V

Legetechniken

Die möglichen Legetechniken

Das Zigeunerspiel mit achtzehn Karten

Das Mondkreuz

Der Steinkreis

Das Tierkreis-Spiel

Die Pyramide aus dreizehn Karten

Die Pyramide aus einundzwanzig Karten

Das Sonnenkreuz

Der Schlüssel aus sieben Karten

Das Hufeisen-Spiel

Anmerkungen zur Position der Karten

Im allgemeinen werden die Karten von derjenigen gelegt, die sie deutet; sie beginnt dabei an dem Rand des Auslegetuchs, der ihr am nächsten ist. Daher ist bei den meisten Spielen die Karte eins auf der Seite des Tuches bei der Kartenlegerin und die oberste Karte des Spiels, wo die Signifikatoren liegen, bei der Klientin. Beim Mondkreuz liegt Karte eins bei der Klientin und Karte sieben bei der Kartenlegerin; beim Sonnenkreuz ist eher die Karte vier als die Karte eins näher bei der Kartenlegerin.

Karten, die auf dem Kopf liegen, werden durch ihre Richtung zur Kartenlegerin, nicht zur Klientin bestimmt. Ich lege die Signifikatoren so, daß sie für mich auf dem Kopf und richtig für die Klientin liegen, auf der Tischseite der Klientin; außer beim Hufeisen-Spiel und dem Tierkreis-Spiel, bei denen die Signifikatoren im Zentrum des Kreises liegen. Da diese Karten die Klientin besonders deutlich darstellen und als erste interpretiert werden, hilft ihr dieses Vorgehen, ihre Aufmerksamkeit zu konzentrieren und sich auf die psychischen Energien einzustimmen, die aufgebaut werden.

In allen Diagrammen sind die Signifikatoren mit „S“, „S_1“ und „S_2“ bezeichnet.

Das Zigeuner-Spiel mit achtzehn Karten.

Dieses Spiel wird benutzt, um das allgemeine Lebensmuster der Klientin aufzudecken und es kommt ohne Signifikatoren aus. Die Karten werden vorbereitet, gemischt, abgehoben und wie in der Beschreibung aufgelegt. Beginnen Sie nun, indem Sie die unterste Kartenreihe (eins bis sechs) umdrehen. Diese Karten repräsentieren die zugrundeliegenden Energien im Leben der Klientin, ihre Vergangenheit, die Wurzeln ihrer Entwicklung, und – alchemistisch ausgedrückt – die basischen Elemente ihres Charakters. Dann drehen Sie die mittlere Reihe um (sieben bis zwölf) und lesen diese Karten nacheinander. Diese Reihe repräsentiert die Kräfte im Leben der Klientin, die sie bewußt steuern kann, ihr „erwachsenes“ oder rationales Selbst, und die Herausforderungen, vor denen sie momentan steht. Suchen Sie jetzt auch nach Beziehungen zwischen den Karten eins/zwei und sieben/acht, drei/vier und neun/zehn, fünf/sechs und elf/zwölf, aber kommentieren Sie solche Verbindungen noch nicht. Gehen Sie jetzt hoch zur obersten Reihe und lesen Sie nacheinander die Karten dreizehn bis achtzehn. Diese Reihe repräsentiert die Energien, die der Klientin potentiell zur Verfügung stehen, die Möglichkeiten für ihre spirituelle Entwicklung und ihre zukünftige Richtung. Wenn Sie die Karten auf diese Art und Weise angesehen haben, teilen Sie sie in drei getrennte vertikale Säulen, zwischen denen Sie dort, wo im Diagramm Pfeile eingezeichnet sind, Zwischenraum lassen. Schauen Sie auf die Elemente, die Karten der Großen Arkana und die Hofkarten, auf dem Kopf liegende Karten und Zahlenwiederholungen in jeder Säule.

Die Säule rechterhand (eins/zwei, sieben/acht und dreizehn/vierzehn) zeigt den Hintergrund oder das Rückgrat für das Leben der Klientin an. Die mittlere Säule (drei/vier, neun/zehn, fünfzehn/sechzehn) ist die Hauptlinie im Leben der Klientin und beansprucht den größten Teil ihrer Aufmerksamkeit. Die wichtigsten Aufgaben ihres Lebens sind hier dargestellt, obwohl es auch wichtig ist, die nötige Vorbereitung durchzuführen, wie sie durch die erste Säule angegeben ist. Die Säule linkerhand (fünf/sechs, elf/zwölf, siebzehn/achtzehn) repräsentiert die Richtung, in die die Klientin gehen will, das Schicksal, das sie für sich selbst gestaltet. Jede Schwäche ihres Charakters kann hier angezeigt sein, besonders in den Karten fünf und sechs, und ihr spirituelles Potential, ihr höchstes Ideal oder momentanes Ziel wird wahrscheinlich in den Karten siebzehn und achtzehn reflektiert werden.

Um von einem Zustand in den nächsten zu gelangen, muß sie das tun, was in den Karten elf und zwölf und im Spiel insgesamt angezeigt ist.

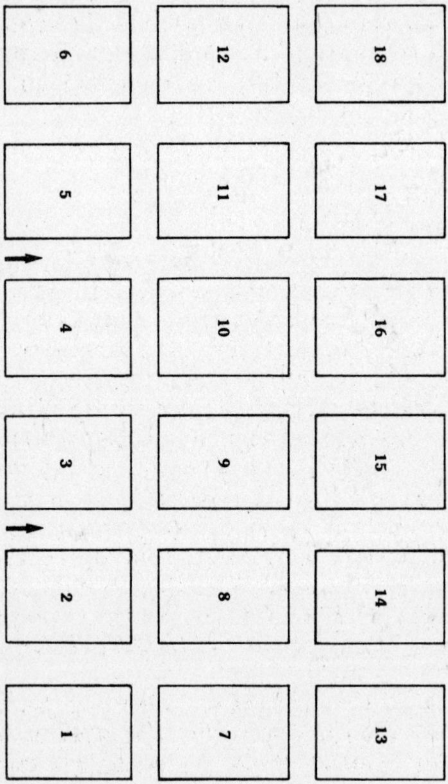

Das Zigeuner-Spiel mit achtzehn Karten

Stellen Sie sich eine über die Karten gelegte Schleife vor, der eine Rand liegt dabei auf Karte eins, der andere auf Karte achtzehn, das Kraftzentrum befindet sich zwischen den Karten neun und zehn. Um dieses Spiel zutreffend zu lesen, müssen Sie Ihre Intuition frei fließen lassen und den Energiemustern erlauben, Ihrem Bewußtsein die zwischen ihnen bestehenden Verbindungen zu offenbaren. Wenn Sie dieses Spiel anwenden, werden Ihre Wahrnehmung und Ihre Interpretationskenntnisse verfeinert.

Das Mondkreuz

Dieses Spiel zeigt das Karma der Klientin und heißt auch Mystisches Kreuz. Einfach ausgedrückt ist Karma das Schicksal, das wir uns selbst gestalten, die Palette der Möglichkeiten, die wir durch unsere Taten in unserem Leben zu unserer Verfügung schaffen. Taten heißt in diesem Fall auch, was wir tun und was wir fühlen, denken und glauben. Karma oder Schicksal ist nie festgelegt, jedoch in jedem Moment unseres Lebens von uns beeinflußt. Innerhalb der Grenzen unseres Potentials haben wir zu jedem Zeitpunkt unseres Lebens einen freien Willen. Dieses Spiel kann der Klientin helfen, den sinnvollsten Weg zu erkennen, um ihren freien Willen zu schulen und in ihrem Leben die von ihr gewählte Richtung einzuschlagen. Dieses Spiel wird ohne Signifikatoren durchgeführt.

Die Einflüsse der unsichtbaren Welt und das bereits vorhandene Karma der Klientin verbinden sich mit ihren Handlungen in der heutigen Welt und erschaffen so das Karma ihrer Zukunft. Das grundlegende karmische Wesen der Klientin, der Aspekt ihres Charakters, der für die Erarbeitung ihrer jetzigen karmischen Erfahrung zentral ist, ist der Angelpunkt dieses Symbolspiels. Nehmen Sie sich für dieses Muster genügend Zeit, um alle Energien fühlen zu können, die vielleicht in Bewegung gebracht werden.

Legen Sie die Karten wie im Diagramm dargestellt aus.

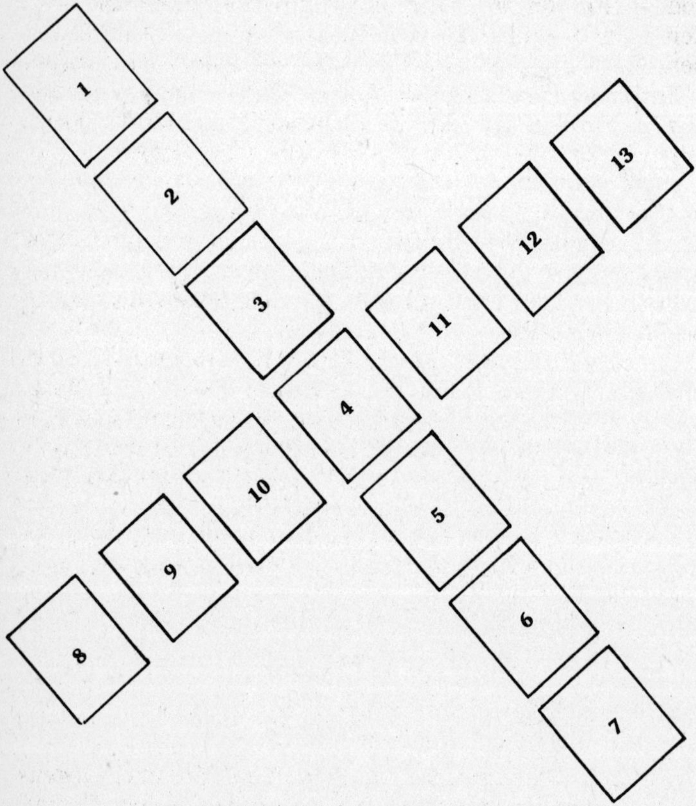

Das Mondkreuz

Drehen Sie die Karten eins bis drei um, damit Sie die Einflüsse der unsichtbaren Welt sehen, die der Klientin bei der Erarbeitung ihres Karma helfen. Karte eins ist am weitesten entfernt von der Klientin, und daher können ihre Aussagen gedämpfter sein als diejenigen der Karten zwei und drei, deren Einflüsse dichter nacheinander kommen. Danach drehen Sie die Karten acht, neun und zehn um. Diese Karten zeigen das vergangene Karma, das die Klientin sich geschaffen hat und das sich jetzt auf sie auswirkt und ihre Entscheidungen prägt. Wiederum ist Karte acht weiter entfernt als die Karten neun und zehn. Jetzt drehen Sie Karte vier um, die anzeigt, wie die Klientin diese Kräfte vereinigt hat, um sich in ihrer momentanen karmischen Realität zu verhalten. Nehmen Sie sich für die Deutung dieser Karte etwas Zeit, und gehen Sie wieder zu ihr zurück, wenn alle Karten umgedreht und gelesen sind.

Als nächste drehen Sie die Karten fünf, sechs und sieben um. Diese Karten zeigen an, in welcher Weise die Klientin zur Zeit auf die karmischen Belastungen in ihrem Leben eingeht. Die Karten elf, zwölf und dreizehn weisen auf das Schicksal hin, das die Klientin für sich selbst gestaltet. Denken Sie daran: Wenn der Klientin das nicht gefällt, was ihr für ihre Zukunft gezeigt wird, so kann sie es durch Aktivitäten in der Gegenwart verändern. Das ist die Herausforderung an den freien Willen.

Der Steinkreis

Diese Legart wird angewendet, um einen Blick auf die gegenwärtige Phase im Leben der Klientin zu werfen. Die Karten werden vorbereitet, gemischt, einmal abgehoben und wie im Diagramm gezeigt aufgelegt. Beginnen Sie mit der Deutung der Signifikatoren. S_1 wird von der Klientin aus dem aufgefächerten Deck gezogen, *nachdem* das Spiel auf dem Tuch ausgelegt wurde. Diese Karte repräsentiert die Klientin. S_2 ist die Karte, bis zu der die Klientin abgehoben hat, nachdem

Sie mit dem Mischen fertig sind und bevor das Spiel aufgelegt wurde. Diese Karte repräsentiert die kosmischen Kräfte, die auf die Klientin einwirken, die unsichtbaren Energien ihrer Umgebung. Danach drehen Sie die Karten eins bis vier um. Nummer eins sind die Wurzeln der gegenwärtigen Phase. Wenn dies die allererste Tarotsitzung der Klientin ist, zeigt diese Karte auch das karmische Gedächtnis der Klientin an. Karte zwei ist die jüngste Vergangenheit. Wenn Sie den Steinkreis als Rad ansehen, zeigt diese Karte die Energie, die die Klientin in die gegenwärtige Phase gebracht hat. Karte drei repräsentiert die Hauptanliegen ihres Bewußtseins. Wenn für diese Karte keine Verbindungen zum Rest des Spiels erkennbar sind, zeigt sie eine mentale Besessenheit an, einen Kummer, der die Klientin von dem ablenkt, was wirklich in ihrem Leben vorgeht. Dieser nagende Zweifel wird wahrscheinlich ihre Energien verzehren, und Sie können die Klientin wieder etwas stabilisieren, wenn Sie sie an die Oberflächlichkeit solcher geistigen Trips erinnern. Wenn die Energien der Klientin integriert sind, wird diese Karte eine Beziehung zur Himmelsmitte in ihrem astrologischen Geburtshoroskop aufweisen. Die vierte Karte – denken Sie dabei an das Rad – repräsentiert die Energien, die die Klientin aus der gegenwärtigen Phase wieder heraus und in die nächste bringen. In diesem Sinne zeigt sie die unmittelbare Zukunft an, sollte jedoch als Karte über eine Bewegung und nicht als statische Festlegung gesehen werden.

Als nächste drehen Sie die Karten fünf, sechs und sieben um. Diese stellen die inneren Talente dar, die der Klientin in ihrer momentanen Phase zur Verfügung stehen. Diese Energien waren im Leben der Klientin immer wirksam und sind in der gegenwärtigen Situation besonders aktiv. Diese Karten beziehen sich besonders auf ihre Geburtssonnen, ihren Geburtsmond und ihr aufsteigendes Zeichen, die Klientin wird sich dieser Energien wahrscheinlich sehr bewußt sein. Wenn alle drei Karten aus demselben Element kommen, muß sich die Klientin in der momentanen Phase besonders auf diese Energie konzentrieren, um ein früheres Versäumnis aufzuholen oder einige Kanäle freizulegen, damit sie effekti-

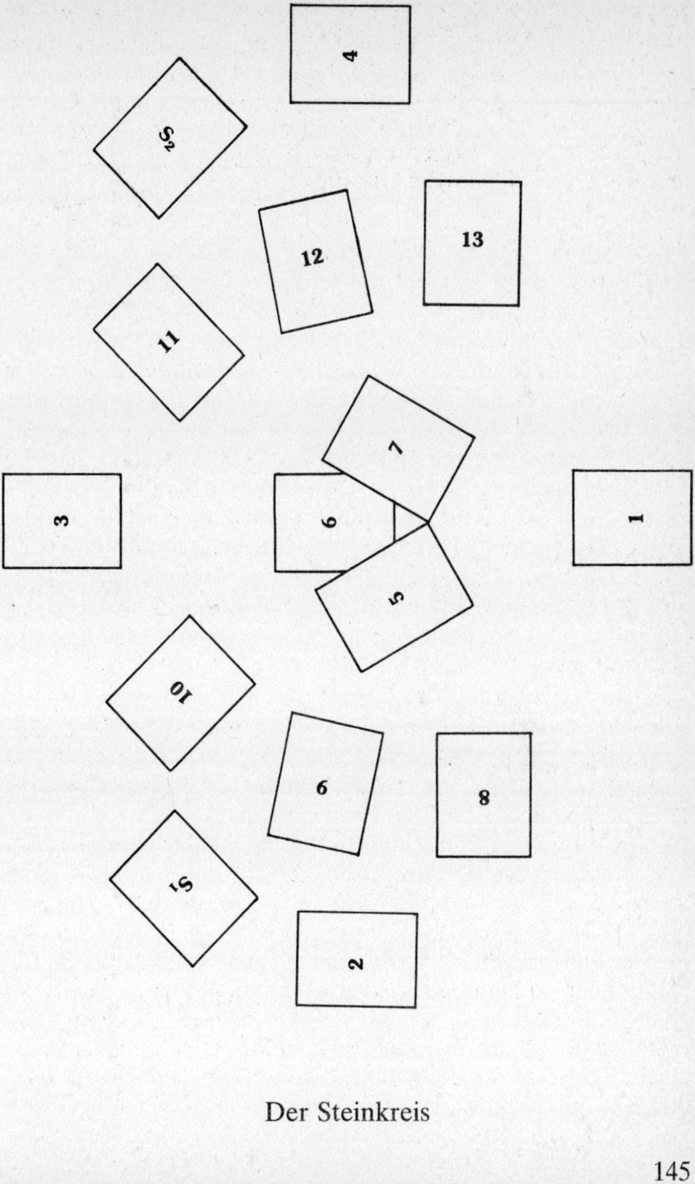

Der Steinkreis

ver ist und sich selbst in ihrem Leben besser ausdrücken kann. Sie wird die Energie dieses Elements brauchen, um mit den bevorstehenden Anforderungen zurechtzukommen. Unterbrechen Sie hier, und fragen Sie die Klientin, ob sie irgendwelche Fragen hat, bevor Sie weitermachen.

Jetzt drehen Sie die Karten acht bis dreizehn um. Sie repräsentieren die Gegenwart, dabei stehen die ersten drei für das Verhältnis der Klientin zu sich selbst (acht, neun, zehn), die zweiten drei (elf, zwölf, dreizehn) für ihre Beziehung zur Außenwelt. Die ersten drei schließen im allgemeinen in ihrem Bezug zur Zeit aneinander an, die acht zeigt dabei, wie es um die Klientin zur Zeit der Sitzung steht. Die Karten elf, zwölf und dreizehn folgen ebenfalls aufeinander und treten gleichzeitig mit den Aussagen der Karten acht, neun und zehn ein. Karte elf zeigt also, wie es um die Beziehung der Klientin zur Außenwelt während der Zeit der Sitzung bestellt ist, Karte zwölf tritt auf den Plan zur selben Zeit, wie sich das innere Leben der Klientin auf die Erfahrungen zubewegt, die Karte neun anzeigt. Das Ende der gegenwärtigen Phase wird von Karte zehn angegeben, die das im persönlichen Wachstum Erreichte anzeigt und auch von Karte dreizehn, die das Ergebnis der momentanen Verhaltensweisen der Klientin gegenüber der Welt angibt.

Karte dreizehn zeigt zusammen mit Karte vier, wie sich die Klientin in die Zukunft hineinbegeben wird. Lesen Sie während Ihrer Interpretation des Spiels die sechs Karten erst im Kreis nacheinander, um den Rhythmus der Bewegung einzufangen, bevor Sie sie als Paare betrachten, um damit die Widerspiegelungen des Inneren auf das Äußere herauszufinden. Achten Sie auch darauf, ob die Karten zehn und elf eine starke Beziehung mit Karte drei bilden, die dann der Aussage dieses Kartenpaares ein Übergewicht verleihen würde. In diesem Fall werden die Karten anzeigen, daß die Klientin die Richtung ihrer persönlichen Entwicklung mit ihren bewußten Hauptinteressen und der Art und Weise, wie sie sich in der Außenwelt zum Ausdruck bringt, verbindet, um ein einheitliches Ziel mit einem Nachdruck zu entwickeln, der ihre Bemühungen zum Erfolg führen wird.

Wenn die Klientin gerade eine sehr intensive Zeit durchlebt, kann die gegenwärtige Phase vielleicht nur zwei Wochen andauern oder, was eher der Fall sein wird, einen Mondzyklus lang. Andernfalls dauert eine Phase ungefähr drei Monate und kann wie eine Jahreszeit gesehen werden. Vielleicht weiß die Klientin selbst auch schon Bescheid über die Zyklen in ihrem Leben und braucht nichts über derem Länge zu fragen. Natürlich können Phasen auch einige Jahre dauern, während denen das allgemeine Muster in verschiedenen Sitzungen wieder erscheinen wird.

Das Tierkreis-Spiel

Dieses Spiel wird gelegt, um das kommende Jahr zu überblikken. Mischen Sie die Karten, und lassen Sie die Klientin einmal abheben. Legen Sie dreizehn Karten mit dem Gesicht nach unten in einem Oval auf das Tuch. Dann fächern Sie das Deck auf und lassen die Klientin eine Karte auswählen. Das ist S_1, die Karte, die die Klientin für das Jahr darstellt, sie sollte als erste interpretiert werden. Nachdem Sie diese Karte gelesen haben, bitten Sie die Klientin, sie mit dem Gesicht nach oben in die Mitte des Spiels zu legen. Nehmen Sie die Karte, bis zu der die Klientin abgehoben hat und legen Sie sie mit dem Gesicht nach oben über den ersten Signifikator. Diese Karte ist S_2 und repräsentiert die kosmischen Energien, die die Klientin ein Jahr lang umgeben werden. Nachdem Sie die Signifikatoren gelesen haben, drehen Sie die Karten eins bis vier um. Sie stellen die nächsten drei oder dreieinhalb Monate dar, obwohl es hilfreicher ist, entsprechend dem Rhythmus der Jahreszeiten oder den Transiten der Tierkreiszeichen zu überlegen.

Als nächste lesen Sie die Karten fünf bis acht, dann neun bis elf und zum Schluß zwölf und dreizehn. Es ist auch möglich, erst die Karten eins bis drei, dann vier bis sieben, danach acht bis zehn und schließlich elf bis dreizehn zu lesen. Das ist ganz und gar eine Sache der Kartenlegerin und sollte von

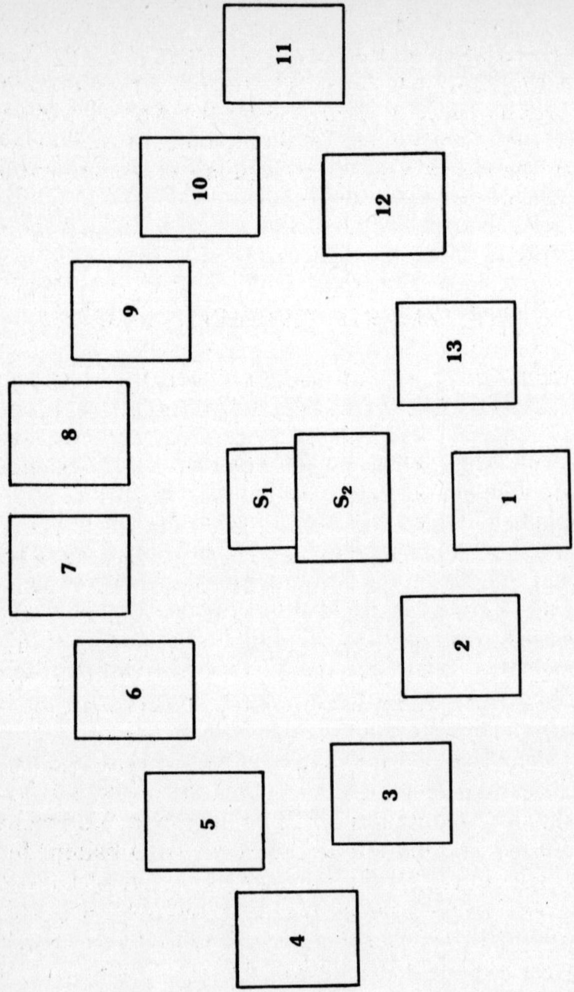

Der Tierkreis

Ihrem Gefühl für die Energien des Spiels abhängen. Wenn die dritte Karte eine Fünf oder eine andere Karte über Probleme ist, drehe ich gern die Nummer vier um, damit ich sehe, welche Lösung dafür angeboten wird, bevor ich das ganze Jahr interpretiere. Denken Sie daran, daß es wesentlich ist, die Klientin mit einem optimistischen Gefühl für ihr nächstes Jahr zu entlassen.

Die Pyramide aus dreizehn Karten

Dieses Spiel wird benutzt, um zukünftige Entwicklungen zu betrachten und legt die Energiemuster offen, die vermutlich in den folgenden sechs bis vierundzwanzig Monaten im Leben der Klientin in Erscheinung treten werden. Bereiten Sie die Karten vor, mischen Sie sie, und heben Sie wie gewöhnlich ab, legen Sie dann dreizehn Karten in einer Pyramide wie auf dem Diagramm gezeigt auf. Als nächstes präsentieren Sie der Klientin das aufgefächerte Deck, damit sie einen individuellen Signifikator auswählen kann, und lesen Sie die Karte für sie. Nehmen Sie jetzt die Karte, die nach dem Abheben als unterste zu liegen kam, und legen Sie sie als kosmischen Signifikator, der die unsichtbaren Kräfte repräsentiert, die um die Klientin wirksam sind.

Nachdem Sie die Signifikatoren interpretiert haben, drehen Sie die Karten eins, fünf, neun und dreizehn um, um die allgemeine Richtung des Spiels zu erkennen. Kommentieren Sie diese Karten nur, wenn Sie es für nötig halten. Je mehr Sie sagen, desto weniger wird sich die Klientin merken können. Worte haben Macht, gehen Sie nicht verschwenderisch mit ihnen um. Drehen Sie jetzt alle Karten des Spiels um, und lesen Sie sie nacheinander. Wenn Sie fertig sind, fragen Sie die Klientin, ob sie irgendwelche Fragen hat.

Wenn Sie sich davon überzeugt haben, daß sie bereit ist, weiterzumachen, legen Sie die Karten fünf, sechs und sieben extra als kleine Pyramide zu Ihrer linken Seite und die Karten eins, zwei und zehn als gleiche Pyramide auf der anderen

Seite. Die Pyramide linkerhand zeigt an, was sich im Leben der Klientin in der in Frage kommenden Zeit abspielen wird. Die Pyramide rechterhand zeigt, wie das, was die Klientin in ihrem Leben tut, verstanden werden wird. Die mittlere Säule zeigt die Energien im Innersten, mit denen die Klientin zu tun haben wird, Karte dreizehn weist dabei darauf hin, in welcher Richtung sie ihr derzeitiges Verhalten führen wird, wenn sie in der jetzigen Weise daran festhält.

Achten Sie, wie immer, auf sich wiederholende Zahlen, auf Karten, die auf dem Kopf liegen, auf Hofkarten und Karten der Großen Arkana, und zählen Sie unbedingt die Elemente. Es ist Ihre Aufgabe, der Klientin auf ihrem Weg zu einer erfolgreichen Integration ihrer Energien zu helfen, damit sie in ihrem Leben ihr ganzes Potential verwirklichen kann.

Die Pyramide aus einundzwanzig Karten

Die Pyramide aus einundzwanzig Karten wird gelegt, um zukünftige Entwicklungen innerhalb der nächsten zwei bis fünf Jahre im Leben der Klientin zu sehen. Wenn Sie wollen, können in diesem Spiel auch Signifikatoren gelesen werden. Nachdem Sie das Deck vorbereitet und gemischt haben, die Klientin abgehoben hat, das Spiel aufgelegt ist und je nach Wunsch die Signifikatoren interpretiert wurden, drehen Sie die Karten eins, fünf, neun, dreizehn, siebzehn und einundzwanzig um, damit Sie den allgemeinen Trend der Entwicklungen erkennen können. Wenn Sie sich diese Indikatoren angesehen haben und sich bereit fühlen, weiterzumachen, drehen Sie die Karten eins bis acht um.

Es ist möglich, daß die ersten vier oder fünf Karten die Vergangenheit der Klientin angeben, und die Gegenwart statt am Anfang der ersten Reihe eher am Schluß erscheint. Das um so unwahrscheinlicher, wenn dieses Spiel als erstes in einer Sitzung gelegt wird, und in diesem Fall ist die Zeitspanne, die das Spiel abdecken kann, notwendigerweise kürzer. Damit durch Karte eins die Zukunft angezeigt werden

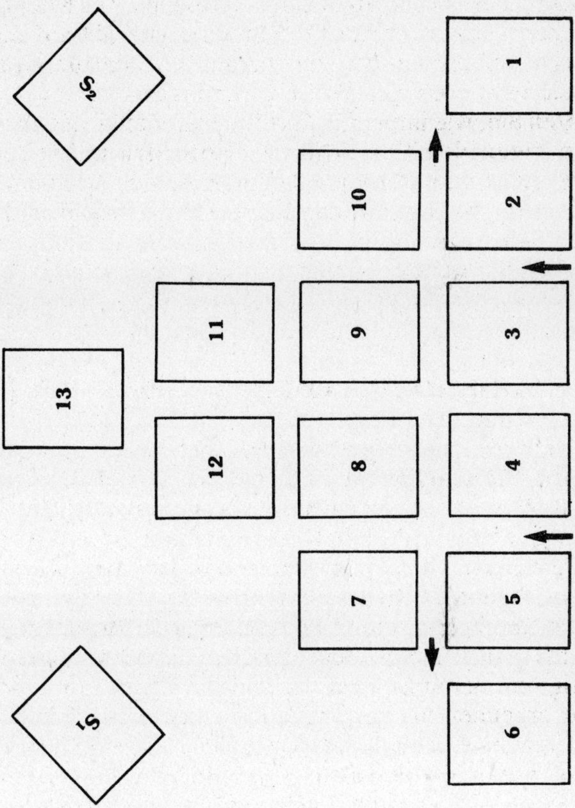

Die Pyramide aus dreizehn Karten

kann, ist es am besten, wenn vor diesem Spiel in einer Sitzung der Steinkreis gelegt wird, der auf die jüngste Vergangenheit, sowie direkt auf die Gegenwart und nahe Zukunft zeigt, bevor Sie versuchen, die in späterer Zeit wirkenden Muster im Leben der Klientin zu sehen. Wenn jedoch die Karten darauf bestehen, zurückzuschauen, dann ist das ohne Zweifel ein wichtiger Bestandteil für zukünfige Entwicklungen im Leben der Klientin und muß so angenommen werden. Diesen Aspekt müssen Sie dann in Ihre Interpretation integrieren.

Als nächstes lesen Sie die Karten neun bis fünfzehn, die Sie alle auf einmal umdrehen und dann nacheinander interpretieren. Fahren Sie fort mit den Karten fünfzehn bis achtzehn, und schließen Sie mit den Karten neunzehn bis einundzwanzig ab. Vielleicht möchten Sie, je nachdem, welches „Gefühl“ von Karte achtzehn ausgeht, die Karten fünf bis einundzwanzig zusammen umdrehen, um das Schlußmotiv zu sehen, bevor Sie beginnen, die dritte Zeile zu lesen. Wenn Sie alle Karten nacheinander gelesen haben, fragen Sie die Klientin, ob sie irgendwelche Fragen hat.

Nachdem Sie diese beantwortet haben, teilen Sie das Spiel an den Stellen, an denen im Diagramm Pfeile eingezeichnet sind; danach haben Sie eine Hauptsäule und auf jeder Seite davon eine kleinere Säule. Die Pyramide zu Ihrer Linken zeigt die Entwicklungen im Innenleben der Klientin während des Zeitraumes, den das Spiel abdeckt. Die Pyramide zu Ihrer Rechten zeigt an, was im äußeren Leben der Klientin vor sich gehen wird. Beachten Sie die Grundlinie jeder Gruppe, sie zeigt die Basis an, die die Klientin sich bei der Entwicklung der in der Pyramide angezeigten Fähigkeiten schafft. Wenn die allerersten Karten die Vergangenheit gezeigt haben, wird diese Information besonders relevant sein, um die Aussage der „äußeren“ Pyramide festzustellen, und die „innere“ Pyramide wird sich dann wahrscheinlich auf Arbeit gründen, die die Klientin während der Zeit der Sitzung leistet. Beachten Sie auch die Hofkarten, die Karten der Großen Arkana, umgedrehte Karten und Zahlenwiederholungen, ebenfalls die Anzahl der Elemente, während Sie den Fortschritt besprechen, den die Klientin in ihrem Innen- und

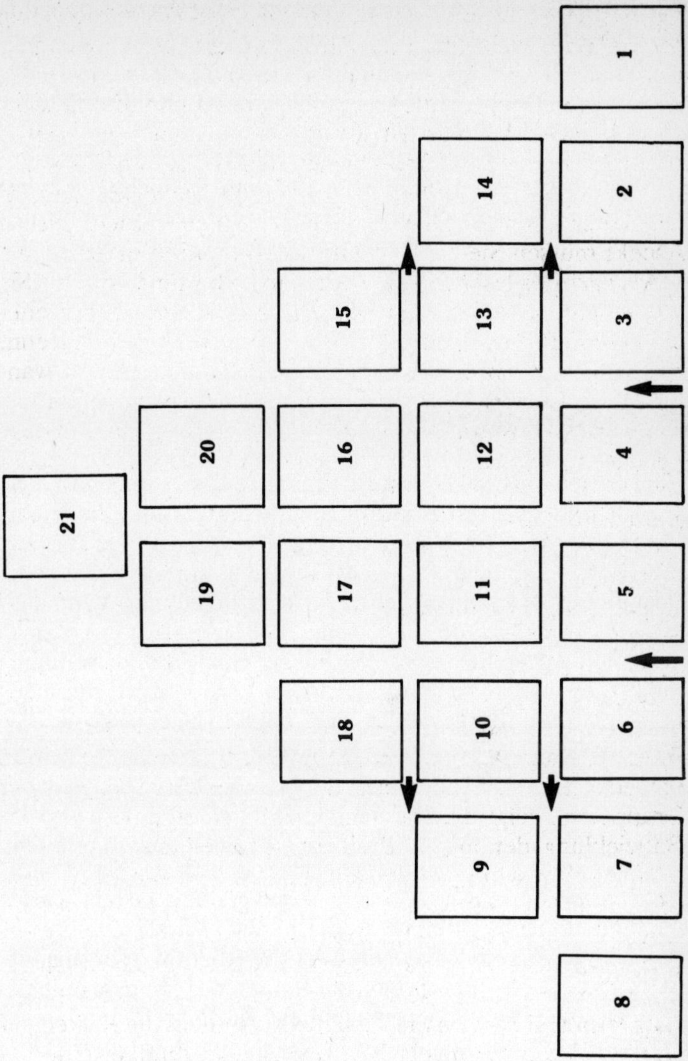

Die Pyramide aus einundzwanzig Karten

äußeren Leben, so wie er von diesen Seitenpyramiden für ihre Zukunft angezeigt ist, erreichen wird. Dann sehen Sie sich den zentralen Punkt für das Leben der Klientin in den nächsten Jahren an. Denken Sie auch dabei an die allgemeinen Richtlinien für die Interpretation.

Wenn Sie zukünftige Entwicklungen interpretieren, sollten Sie nicht vergessen, daß die Klientin, wenn sie nicht glücklich ist mit dem, was sie erfährt, ihre Zukunft verändern kann, indem sie anders auf die Situationen ihres Lebens reagiert – am besten schon ab heute.

Das Sonnenkreuz

Diese Legeart ist auch als keltisches Kreuz bekannt und eignet sich sehr gut, um eine Frage zu beantworten. Vielleicht braucht die Klientin Unterstützungen, um die Frage formulieren zu können oder aber sie weiß genau, um was es ihr geht und möchte das jedoch lieber für sich behalten. Wenn die Klientin die Frage, die ihr eigenes Leben betrifft, so genau wie möglich gestellt hat, lassen Sie sie eine Zahl auswählen. Dann, während sie sich auf ihre Frage konzentriert, mischen Sie so oft, wie die gewählte Zahl angibt. Nachdem sie die Karten abgehoben hat, nehmen Sie die zwölf Karten für dieses Spiel direkt oben von dem Deck.

Karte eins zeigt die jetzt wirkenden Kräfte in bezug zu der Frage. Karte zwei zeigt Kräfte, die der Frage entgegentreten, vielleicht sind es antagonistische Energien dazu. Karte drei repräsentiert das, was auf der Angelegenheit lastet, Karte vier liegt ihr zugrunde, ist vielleicht die Wurzel der Sache oder die verborgene Wahrheit über die Klientin in bezug auf die Frage. Karte fünf zeigt, was hinter der Angelegenheit steckt und die jüngste Vergangenheit. Karte sechs zeigt, was der Klientin in bezug auf ihre Frage unmittelbar bevorsteht. Unterbrechen Sie hier, um zu sehen, ob die Klientin irgendwelche Fragen zum Spiel hat. Jetzt drehen Sie Karte sieben

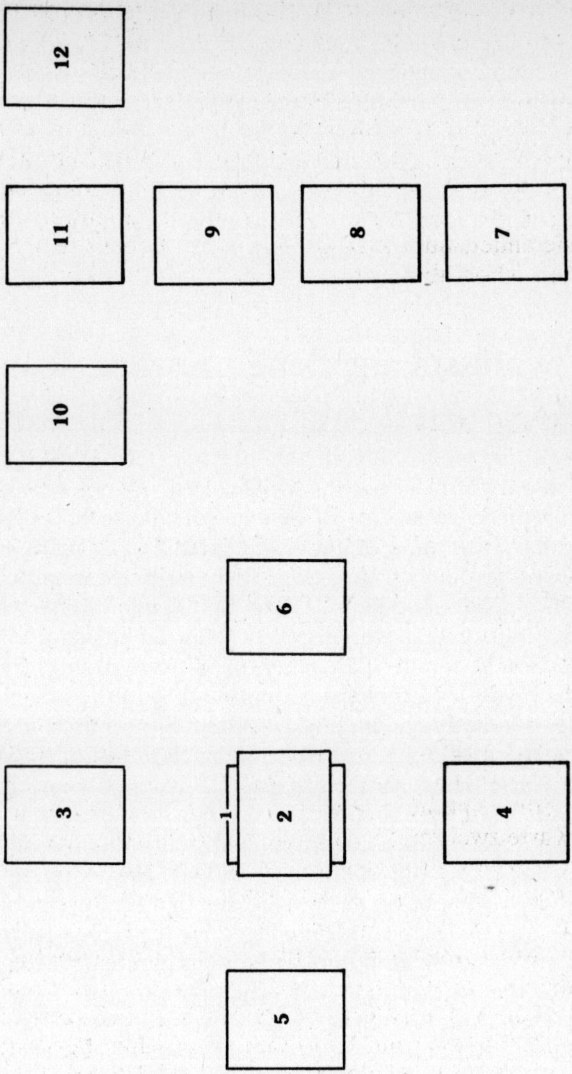

Das Sonnenkreuz

um. Sie zeigt die Klientin im Zusammenhang mit der Frage. Karte acht zeigt die Umgebung, in der die Frage gestellt wurde. Karte neun zeigt die Hoffnungen und Ängste der Klientin in bezug auf ihre Frage. Die Karten zehn, elf und zwölf zeigen das Ergebnis. Wenn diese Karten, besonders Karte zwölf, Karten der Bewegung sind – z. B. das Rad des Glücks oder die Kelche VI –, dann ist die Angelegenheit noch nicht entschieden und das Ergebnis kann zur Zeit der Sitzung noch nicht abgesehen werden.

Der Schlüssel aus sieben Karten

Der Schlüssel aus sieben Karten wird gelegt, um eine einfache Frage, die vielleicht zum Schluß einer Sitzung noch offen ist, zu beantworten, oder als Möglichkeit, eine gesamte Sitzung zusammenzufsssen. Es ist auch das beste Spiel, wenn jemand das Tarot eine Zeitlang wie unter Zwang befragt hat, und sogar über kleinste Angelegenheiten des eigenen Lebens nicht klar nachdenken kann. Dieses Spiel kann mit oder ohne Signifikatoren gelegt werden. Wenn Sie Signifikatoren einsetzen, dann bedeutet S_1 die Klientin in bezug zu ihrer Frage, besonders was das Ergebnis anlangt, und S_2 ist die kosmische Energie, die die Frage umgibt. Nachdem Sie gemischt haben, hebt die Klientin die Karten viermal nach links ab. S_1 ist die oberste Karte des vorletzten Stapels. S_2 ist die oberste Karte des Decks *vor* dem Abheben. Um diese Signifikatoren feststellen zu können, ist es wichtig, der Klientin beim Abheben zuzuschauen. Da Sie das Deck wieder zusammenpacken (nach jedem Abheben), drehen Sie die Signifikatoren vor der Klientin um und lesen sie. Dann legen Sie die sieben Karten.

Drehen Sie die Karten fünf und drei um und interpretieren diese, da die Information der Klientin hilft, die Frage zu beantworten. Die Karten sechs und zwei weisen auf das hin, was in bezug zu der Frage unerwartet kommt. Die Karten sieben und eins stellen das Ergebnis dar. Die Karte vier zeigt das Verhältnis der Klientin zu der Frage in der momentanen

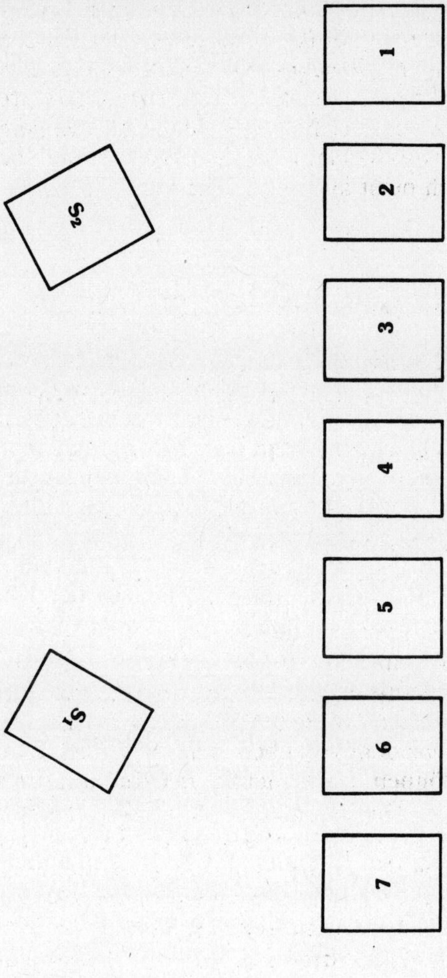

Der Schlüssel aus sieben Karten

Situation, zur Zeit der Sitzung. Wenn alle Karten gelesen sind, sehen Sie sich die Karten fünf bis sieben zusammen an, um das Innenleben der Klientin in Beziehung zu der Frage zu erfassen. Die Karten drei, zwei und eins zeigen das äußere Leben der Klientin, oder, ihre Persönlichkeit gegenüber der Welt, in Beziehung zu ihrer Frage.

Wegen der Kürze dieses Spiels gilt es als eines, in dem auf dem Kopf liegende Karten als Aussagen über negative Energien oder als „Nein“ interpretiert werden können.

Das Hufeisen-Spiel

Dieses Spiel aus einundzwanzig Karten gibt ein umfassendes Bild der Klientin, ihrer Situation und ihres Temperaments und dessen, was vor ihr liegt. Nach dem Mischen hebt die Klientin das Deck ab. Wenn das Deck einmal abgehoben ist, können Sie die Karte, bis zu der abgehoben wurde, als Signifikator lesen, der die kosmische Energie darstellt, die die Sitzung umgibt. Legen Sie dann sieben Gruppen aus je drei Karten so wie im Diagramm gezeigt aus. Die ersten drei zeigen das Selbst, die zweiten drei das Zuhause der Klientin. Die Karten sieben, acht und neun zeigen ihre Sehnsüchte, während die Karten zehn, elf und zwölf ihre Erwartungen über das, was eintritt, nennen. Die Karten dreizehn, vierzehn und fünfzehn zeigen das Unerwartete. Die unmittelbare Zukunft wird von den Karten sechzehn, siebzehn und achtzehn gezeigt, während längerfristige Einflüsse aus den Karten neunzehn, zwanzig und einundzwanzig zu erkennen sind. Wie beim Zigeunerspiel zeigt auch hier die erste Reihe die Basisenergien der Klientin, die Kräfte, mit denen sie den unmittelbarsten Kontakt hat. Der zweite Bogen des Hufeisens zeigt die Energien, deren sich die Klientin bewußt ist und mit denen sie auf einer mentalen Ebene umgeht. Sie nimmt an, daß sie gerade diese Ebene der Welt zeigt, dabei zeigt natürlich der erste Teil ihre wirklichen Beziehungspunkte mit der Außenwelt. Die dritte Karte jeder Gruppe

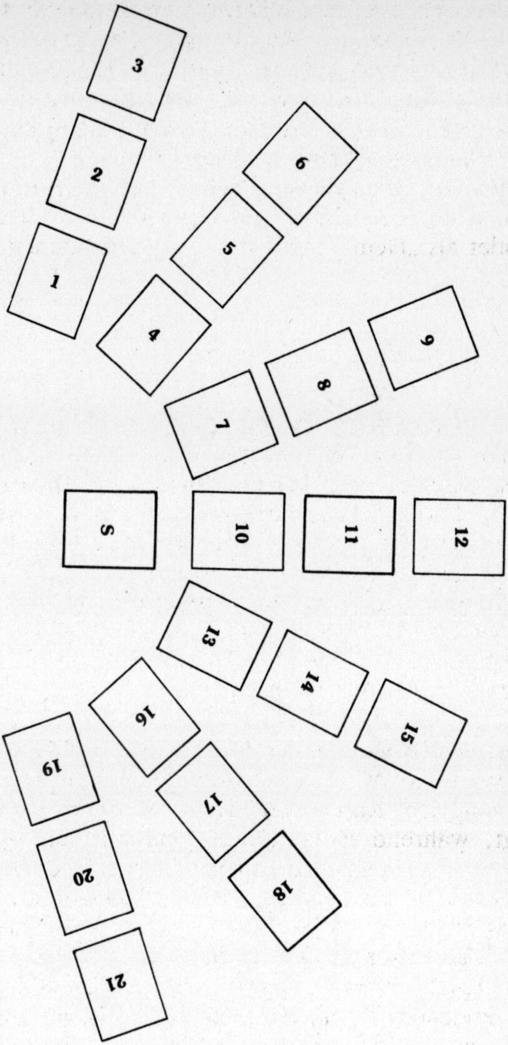

Das Hufeisen-Spiel

repräsentiert ihre edleren Ideale und Energien, die zu erreichen sie sich anstrengen muß, obwohl sie Teil des Potentials sind, das sie verwirklichen kann. Die Klientin sollte daran erinnert werden, daß die Karten dreizehn bis einundzwanzig das anzeigen, was als ihre momentane Situation und Absichten erscheint. Sie kann die Entwicklungen in ihrem Leben beeinflussen, wenn sie ihr eigenes Verhalten verändert. Wir gestalten unser Schicksal selbst.

Nachwort:

Die Dianische Kunst

Seit dem Paläolithikum oder der Steinzeit haben die Menschen die Natur verehrt und in Harmonie mit den Elementen gelebt. Sie erkannten die kreative Macht der Frauen im Kosmos, von der Wasserhölle der ursprünglichen Leere oder der Mutter des Universums über die Fruchtbarkeit jugendlicher Mädchen und alter Frauen bis zur allesverzehrenden, häßlichen Feuerhexe, die durch den lebensspendenden Geist animiert ist. Die Überzeugungen und Praktiken dieser Art zu leben heißen die „Kunst". Wicca ist der Name für diejenigen, die die „Kunst" ausüben und lehren. Daher kommt das Wort Hexe (im Englischen „witch", d. Ü.).

Hexe ist auch heute noch ein sehr gefühlsbeladenes Wort und kann sogar unter Feministinnen Angst auslösen. Obwohl wir leichthin und in politischen Begriffen davon sprrechen, unsere Macht einzufordern, haben wenige von uns den Mut oder die Bereitschaft zu der Disziplin, die für die Entwicklung unseres Potentials notwendig ist. Viele von uns wurden in früheren Leben verfolgt, sogar gefoltert und ermordet, weil sie entsprechend der „Kunst" lebten, daher zögern sie, dies heute offen zu tun. Die Verachtung gegenüber unseren Schwestern hemmt auch uns. Aber für einige wenige ist der Druck unseres Erbes zu stark, um es zu verleugnen.

Innerhalb der Tradition der Hexen gibt es verschiedene Wege. Dianische Wicca (Hexenkunst) ehrt Diana, die Gehörnte Jägerin der Nacht, Beschützerin der Frauen und ist ein Weg autonomer frauenliebender Frauen. Feministische Wicca, Hexenkunst mit feministischen politischen Inhalten, hat in den letzten Jahren zugenommen und sich ausgedehnt, und zahlreiche Hexenbünde sind in Amerika von Z. Budapest, einer ungarischen Hexe, gegründet worden, die ihr Hexentum von ihren Ahninnen geerbt hat. Ich wurde während einer Wintersonnenwende in ihren Susan-B.-Anthony-Bund Nummer eins eingeführt, anläßlich einer Amerikareise im Jahr 1973. Das Manifest des Bundes besagt: „Wir glauben, daß es ohne eine feste Basis in der spirituellen Kraft von Frauen keinen Sieg für uns geben kann. Wir sehen es als unsere Aufgabe, Frauen zu lehren, wie sie als Hexen leben können und unsere Traditionen mit Frauen zu teilen. Wir sind dagegen, unsere Magie und unsere Kunst an Männer weiterzugeben. Frauengruppen, die die dianische „Kunst" praktizieren, entstehen wieder in Großbritannien. Denn jetzt sind wir, die Frauen, die Bäume, die unsere Stärke wachsen lassen und Zeugnis geben von unserem Ziel zu überleben, frei zu sein und der Göttin zu dienen. Eines Tages werden wir wieder Land haben, auf dem wir in Freiheit nach unseren Überzeugungen leben können, im Evaskostüm mitten in Dianas heiligen Hainen feiern können. Wenn wir die Göttin durch unsere Anerkennung Ihrer immerwährenden Existenz an die Welt zurückgeben, schaffen wir die notwendigen Bedingungen für unsere Befreiung.

Vieles von unserer Tradition ist in den vergangenen Jahrhunderten verdunkelt worden. Die Unterdrückung, die wir erlitten haben, hat es schwierig gemacht, unsere Lehren an jüngere Generationen weiterzugeben. Die Hexenverfolgungen haben viele von uns gezwungen, sich zu verstecken und uns genötigt, unsere Werkzeuge mit Symbolen zu tarnen, die nur die Eingeweihten erkennen konnten. Studium, Meditation und die regelmäßige Zelebrierung von Ritualen haben zur Entwicklung der Einsicht und Urteilskraft geführt, die uns befähigen, die alten Weisheiten der Frauen wieder zurückzugewinnen. Tarot ist eines der Werkzeuge, die wir für diese Arbeit anwenden.

Abb. 8: Große Arkana, Einundzwanzigste Karte – Die Welt

Glossar

ÄTHERISCH
Vom Nichtmateriellen, das den physischen Körper umgibt und einschließt; der ätherische Körper ist einer der vier, die die Aura bilden.

ALCHEMIE
Wissenschaft von der Veränderung der Elemente, besonders Blei und Gold; Methode, um das Elixier des ewigen Lebens zu suchen; Prozeß geheimnisvoller Veränderung.

ANBETUNG/KULT
Glühend achten; unterwürfiger Respekt; eine Haltung und/oder Emotion, die im Patriarchat bei Frauen gefördert wird.

ANRUFUNG
Die Handlung oder Form, ein Gebet an jemanden/etwas zu richten, in ernster oder feierlicher Bitte; um Hilfe bitten, durch Zauber oder Gesänge auffordern.

ANZEIGEN
Hinweisen auf, die Aufmerksamkeit lenken auf; bedeuten, aussagen, andeuten, ein Zeichen oder Hinweis sein.

ARKANA
Truhen; eingeschlossen, versteckt; Geheimnisse, Mysterien.

ASTRAL
Von den/wie die Sterne; zu den Sternen gehörend; der Astralleib ist eine der vier nichtmateriellen menschlichen Formen, die zusammen die Aura bilden.

AURA
Die Energie, die aus einem lebendigen Körper kommt und ihn umgibt.

AVATAR
Lehrer, spiritueller Führer.

BEDEUTEN
Ausdrücken wollen, kennzeichnen, anzeigen, übermitteln.

BESCHEIDENHEIT/DEMUT
Abwesenheit von Stolz.

BESCHWÖRUNG
Eine Abfolge von Worten, die zur Bezauberung gesagt oder gesungen werden; magisches Singen.

BESONDERS
Spezifisch, einzig, speziell.

BEZEUGEN
Einen Beweis oder eine Anschauung geben.

BILD
Eine Darstellung oder ein visueller Eindruck; eine Ähnlichkeit oder mentale Vorstellung; eine Idee oder Darstellung, die selbst ein inneres Bild hervorruft.

DECK
Ein Kartenspiel oder ein Teil eines solchen.

DENKEN
Überlegen oder reflektieren, den Verstand üben/nutzen; Fähigkeiten des Verstandes anwenden, um Ideen, Bilder etc. zu entwickeln.

DEVA
Ein Geist, ein Luftwesen.

EHREN
Tiefen Respekt zeigen.

EINGEWEIHTE
Jemand, die – in einer geheimen Zeremonie – mit einem Wissen vertraut gemacht oder in ein Geheimnis oder eine Geheimgesellschaft eingeführt worden ist.

ELEMENT
Jede der vier Substanzen, die nach den Lehren der Verfahren eine physikalische Materie bilden.

ELFE
Ein magischer Geist der Wälder und Hügel, ein Feuerwesen.

EMBLEM
Ein sichtbares Symbol, ein Objekt oder Bild, das eine Idee oder ein anderes Objekt, als es selbst ist, darstellt; ein Bild mit einer Moral-Allegorie.

EMPATHIE
Fähigkeit, in den emotionalen Zustand eines anderen Menschen einzudringen.

ENERGIE
Innewohnende Kraft; Fähigkeit eines stofflichen Körpers oder einer Strahlung, Arbeit zu verrichten.

ENTHÜLLEN
Bekanntmachen durch göttliche Kraft oder Inspiration; sichtbar machen sozusagen durch das Wegziehen eines Schleiers.

ERGEBENHEIT
Eine Kombination aus Zuneigung und Bekenntnis, die möglicherweise auch Unterwerfung beinhaltet.

ERKENNEN
Klar feststellen; wahrnehmen, besonders von Unterschieden.

ERLANGEN/ERREICHEN
Erfolgreich tun: durch Übung/Anwendung hinkommen, vollbringen.

ESOTERISCH
Gedacht für oder nur verstanden von wenigen, oder von einer Minderheit.

EVOLUTION
Schritt für Schritt umarbeiten, Entwicklung, entfalten oder entrollen.

EWIG
Immer existierend; ohne Anfang oder Ende; immerwährend, fortdauernd.

FARBE
Eine Abfolge von Karten eines Zeichens.

FEE
Gutmeinender Geist der Landschaft, ein Feuerwesen.

FÜHREN
Den Weg zeigen, eine Richtung angeben, leiten.

GEBET
Eine ernste Bitte, Flehen.

GEHEIMNIS
Etwas Verborgenes oder Eigenartiges/Verdunkeltes.

GEOMANTIE
Erdwahrsagen, Einsicht durch die Interpretation von Zeichen in und von der Erde.

GEWALT/KRAFT
Einfluß, der ein Ergebnis produziert; Antrieb; Ausübung von Macht; Stärke, Energie, Vitalität.

GLAUBEN
Fragloses Vertrauen, Überzeugung, Zutrauen; eine Meinung oder Doktrin, die als wahr angenommen wird.

GLEICHZEITIGKEIT/SYNCHRONIZITÄT
Die Qualität, daß etwas zur selben Zeit vorhanden ist oder geschieht, oder denselben zeitlichen Ablauf (Phase) hat; Simultanität; gemeinsam auftreten, erscheinen.

GNOME
Kleine Kreaturen, die sich in der Erde herumtreiben und ihre Schätze bewachen, Kobold; Erdwesen.

GNOSIS
Positives Wissen um spirituelle Dinge.

GROSSARTIG
Ein Konzept, das das Patriarchat geschaffen hat und das mit ihm verschwinden wird. Es sagt viel mehr als normal, leitend, gewichtig. Dieses Konzept zu verwenden heißt, das Denken auf Hiererarchie auszurichten.

HARMONIE
Die Verbindung verschiedener/bewegter Teile zu einem ausgewogenen oder rhythmischen Ganzen; gut zusammenpassen; friedliche und übereinstimmende Beziehungen, Eintracht (siehe auch „kosmische Harmonie").

HEIDEN
Normalerweise ein Begriff, der nichtreligiöse Person bezeichnet; abwertend für „Nicht-Christen"; Paganismus: Heidentum (d. Ü.).

HEIDNISCH
Jemand, deren spirituelle oder religiöse Überzeugung poly- oder pantheistisch ist, besonders jemand, die die Naturkräfte personifiziert und ehrt und den Sabbat begeht: ein Individuum mit einer starken Beziehung zur Erde, ihren Geschöpfen und dem natürlichen Zyklus des Lebens und der Jahreszeiten.

HEILIG
Gewidmet, besonders in einem religiösen Sinn; mit Respekt und Ehrfurcht betrachtet, geehrt.

HEIMLICH
Verdeckt; etwas, das gegen Entdeckung und Beobachtung geschützt ist; verschlossen.

IDEAL
Eine Konzeption von etwas in seiner perfektesten oder wünschenswertesten Form.

INTEGRATION
Handlung oder Prozeß der Aufnahme von etwas in ein Ganzes.
INTELLEKTUELL
Anwendung des Denkprinzips und der rationalen Kräfte des Verstandes, um wahrzunehmen und zu verstehen.
INTENSIV
Konzentriert, sehr stark, lebhaft.
INTERPRETIEREN
Die Bedeutung von etwas erklären, etwas verständlich machen, die Bedeutung von etwas zeigen.
INTUITION
Die Fähigkeit des Denkens zu unmittelbarem Aufnehmen; unmittelbares Wissen oder Erfassen ohne nachzudenken oder zu analysieren, sofortiges Begreifen unter Zuhilfenahme der psychischen Kräfte.
KABBALA
Die hebräische mystische Tradition; eine okkultistische Philosophie, die auf dieser Wissenschaft beruht.
KARMA
Gesamtheit der Handlungen eines Menschen, die den Lauf seines Lebens bestimmen; die Interaktion zwischen Vergangenheit, Gegenwart und Zukunft in den Entscheidungen, die jedes Individuum während seines ganzen Lebens trifft.
KELTISCH
Von den Kelten, einem Volk aus Wales, Schottland, Irland, dem Westen Englands und Britanniens, das als besonders magisch gilt.
KERN
Reine, konzentrierte Essenz (Wesenheit, Auszug), besonders von allem Immateriellen.
KLIENTIN
Jemand, die zweifelt oder fragt.
KOBOLD
Ein Feuerwesen.
KOMPETENZ
Fähigkeit, Geschicklichkeit, Tauglichkeit.
KOSMISCH
Charakteristisch für das Universum und seine Veränderungen. Kosmische Harmonie ist die Musik der Sphären.
KOSMOS
Das Universum als ein harmonisches Ganzes.
KRAFT/MACHT
Fähigkeit, alles zu tun; Vermögen/Befähigung, einen Effekt zu bewirken.
LEHRER/IN
Eine Person, die Wissen mitteilt, unterrichtet, erklärt oder einübt.
LESER/IN/KARTENLEGERIN
Eine Person, die beobachtet oder studiert und interpretiert.
LEUCHTE
Eine Lichtquelle, besonders ein Himmelskörper.

LOGIK
Denkstruktur; eine starre Form der Entwicklung des Denkens, die durch das Sonnenpatriarchat entwickelt und auf Ursache und Wirkung gegründet wurde; die maskuline Wissenschaft, die mit den Kriterien des richtigen Denkens arbeitet.

MAGISCH
Ruft Wirkungen hervor oder kontrolliert Ereignisse durch ein Ritual; ein Gefühl von mächtigem Geheimnis.

MASKULIN (ES WESEN)
Eine Person, die an männliche Vorherrschaft glaubt, sie verteidigt oder ihr gemäß lebt.

MATRIARCHIN
Eine Frau, die Kopf und Leiterin (Herrscherin) ihrer Familie und Nachkommen ist; eine Frau, die regiert.

MITGEFÜHL
Tiefe Sympathie; eine glühende Empfindung von selbstloser Liebe, im allgemeinen ein wärmeres Gefühl als Mitleid.

MITLEID
Sorge über das Leiden eines Menschen, im allgemeinen leicht herablassend.

MOND
Den Mond betreffend, zum Mond gehörend oder darauf verweisend.

MYSTISCH
Ein Mensch oder Gegenstand mit spiritueller Symbolik oder Bedeutung/Aussage; eine Erfahrung von spiritueller Wahrheit durch Intuition, gewöhnlich durch Meditation.

NACHDENKEN/VERSTAND
Analysieren; die Fähigkeit zu denken und leidenschaftslos Urteile zu fällen.

NACHFOLGEND
Folgend, sich nacheinander bewegend.

NUMEROLOGIE/ZAHLENKUNDE
Studium über den Wert der Zahlen, speziell ihre esoterische oder okkulte Bedeutung, wahrsagen anhand von Zahlen.

OKKULTISTISCH
Verborgen, verhüllt, esoterisch. Okkultistische Wissenschaften sind Alchemie, Astrologie, Numerologie, Magie etc.

PACKEN
Eine Anzahl ähnlicher oder zusammenhängender Dinge oder Wesen, im allgemeinen in einer Gruppe oder einem Bündel; ein vollständiger Kartensatz.

PARANYM
Ein Wort, das in eine gegenteilige oder unwahre Bedeutung verdreht worden ist, z. B. „Hexe".

PHANTASIE
Eine Abfolge mentaler Bilder, die durch den eigenen Willen hervorgerufen werden.

POLARITÄT
Entgegengesetzte Tendenzen, Qualitäten, Kräfte usw.; Gegensätzlichkeit von Aspekten oder Tendenzen.

POTENTIAL
Verborgen, als Möglichkeit existierend; Kräfte oder Quellen, die noch nicht entwickelt sind.

PROFAN
Unehrerbietig, verächtlich gegenüber Heiligem.

PROPHET
Eine Person, die spricht, als ob sie unter göttlicher Eingebung stünde; inspirierte(r) Lehrer/in, Dichter/in oder Prediger/in; jemand, die Ereignisse voraussagt.

PROPORTIONIERT/AUSGEWOGEN
In harmonischer Anordnung

PSYCHE
Der Teil des wissenden Selbst, der Geist, Gefühle und physische Erfahrungen verbindet. Wird manchmal mit der Seele und der Gesundheit der Wünsche verwechselt (s. auch INTUITION).

PSYCHISCH
Fähig, unmittelbar in und durch die Psyche aufzunehmen; sensibel für Kräfte jenseits der physischen Welt.

REALISATION
Verwirklichen; zum Leben erwecken; erreichen, erlangen; aktives Wissen.

RELIGION
Ein System von Überzeugungen und Praktiken oder von Vorstellungen über die Wahrheit des Kosmos. Organisierte Religionen erfordern feste Formen und Regeln. Alle patriarchalischen Religionen legen hierarchische kosmische Strukturen zugrunde.

RELIGIÖS
Eine Person, die ihre Überzeugungen von der Wirklichkeit in einer zusammenhängenden Lebensweise durch ihre Philosophie, Lebensführung und/oder rituellen Gebräuche zum Ausdruck bringt. Jede Philosophie, Lebensform oder Einhaltung von Regeln, die von solchen Überzeugungen hergeleitet wird.

REPRÄSENTIEREN
Als Symbol für etwas dienen, dem Denken darstellen oder veranschaulichen.

RESONANZ
Widerhallen; Wohlklang; miteinander klingend.

RESPEKT
Ehren; Wertschätzung empfinden; berücksichtigen.

RITUAL
Eine formale oder informelle Zeremonie, die in zyklischen Abständen wiederholt wird.

SCHÄTZEN
Bewerten; von etwas eine günstige Meinung haben.

SCHLEIFE
Eine auf der Seite liegende Acht, ein Symbol der Unendlichkeit.

SEELE
Die emotionale oder moralische Natur eines menschlichen Wesens, von der gesagt wird, ihr Platz sei im Herzen; der Astralleib oder die Gesamtheit der Wünsche.

SIGNIFIKATOR
Eine Person oder ein Gegenstand, die eine besondere oder verborgene Bedeutung vorschlagen oder ausdrücken.

SIRENE
Ein weibliches Wesen des Meeres, das mit der Magie ihrer Musik andere Wesen anzieht; ein Wasserwesen.

SITZUNG/BERATUNG
Eine Interpretation.

SONNEN-
Die Sonne betreffend, zur Sonne gehörend.

SPIEL
Ein ausgelegtes (Kartenspiel), ein Entwurf, eine Auslage.

SPIRITUALITÄT
Der Zustand oder Teil des eigenen Wesens, der mit dem ewigen Dasein befaßt ist, häufig von religiöser Natur.

SPIRITUELL
Von/bezogen auf/hingegeben an/oder erfüllt mit Glauben an eine unerklärbare Bedeutung des Daseins; zum Prinzip des Lebens gehörend.

STOLZ
Übertriebene Selbstschätzung, meist verbunden mit der Unfähigkeit, Kritik zu akzeptieren; Hochmut, Arroganz, Dünkel.

STREBEN
Sich anstrengen; ernsthaft bemühen; kämpfen.

SYLPHE
Ein Geist, ein Luftwesen.

SYMBOL
Ein Gegenstand, der als Darstellung von etwas anderem verstanden wird, weil er auf irgendeine Weise die wesentliche und oft spirituelle Qualität des anderen wiedergibt; ein Bild, das benutzt wird, um etwas Abstraktes auszudrücken.

SYMBOLISIEREN
Typisieren, für etwas stehen, darstellen.

SYMPATHIE
Geistesverwandtschaft; Übereinstimmung in der Qualität; Fähigkeit, sich auf die emotionale Verfassung eines anderen Menschen einzustellen; Wohlwollen, das auf Übereinstimmung und Verständnis beruht.

TEILEN
Auseinanderbringen; speziell religiösem Gebrauch widmen oder unterwerfen.

TRADITION
Eine Übereinkunft, die durch gewohnheitsmäßigen Gebrauch begründet wird; seit langer Zeit bestehender Brauch oder Gewohnheit.

TREND/RICHTUNG
Allgemeine Richtung oder Tendenz; eine Strömung oder Anordnung.

UMGEDREHT
Auf dem Kopf oder auf dem Gesicht (liegend), reversiert, nach innen gedreht.

UNDINE
Weibliches Wasserwesen.

UNIVERSAL
Das Ganze des Daseins betreffend, die Totalität der Schöpfung.

VEREHREN
Mit Respekt behandeln oder betrachten; anbeten.

VERSCHIEDENARTIG
Zahlreich, unterschiedlich.

VERSTEHEN/BEGREIFEN
Gründlich wissen; ohne Erklärung begreifen; den Sinn von etwas mit dem Verstand erfassen; mental aufnehmen; entschlüsseln; ergründen.

VERZAUBERN
Einen Bann/Zauberspruch legen/sprechen über; verhexen; entzücken.

VISUALISIERUNG
Ein Bild oder eine fortwährende Folge von Ereignissen, die vor dem inneren Auge erscheint, bewegt von der Psyche, der Einbildung oder innerem Empfinden.

VORSTELLUNG
Die Fähigkeit, Symbole und Bilder im Denken zu formen, die kreative/schöpferische Fähigkeit; die Fähigkeit, Phänomene und Pläne zu verstehen und abzuschätzen, die vorher nicht erklärt worden sind.

WACHSTUM
Entfaltung, Entwicklung.

WAHRNEHMUNG
Durch die Sinne aufgenommenes Wissen; Bewußtsein von; informiert sein; gewahr sein; intuitive Einsicht.

WAHRSAGUNG/WEISSAGUNG
Das Vorhersagen der Zukunft durch intuitive Wahrnehmung/Eingebung,

WELTLICH/IRDISCH
Gewöhnlich; zur Alltagswelt gehörend; nicht heilig, nicht geweiht.

WERKZEUG
Ein Instrument, um irgendein Vorhaben durchzuführen, z. B. ein Emblem.

WESEN
Ein Geschöpf eines Elements: Sirene oder Undine, Sylphe oder Deva, Gnom oder Kobold/Zwerg, Elfe oder Fee.

WILLEN
Starke Absicht oder Intention; Kraft, auszuwählen oder zu bestimmen.

WISSEN
Durch Erfahrung erworbene Vertrautheit; gefestigter Glaube; Bewußtsein, Verständnis. Auch Weisheit, Geschicklichkeit.

ZEIGEN
Sichtbar machen; bewirken oder gestatten, daß etwas sichtbar oder bekannt wird; ausstellen.

ZEREMONIE
Äußere Form.

ZUFALLS-
Wahllos, ohne Plan, Ziel oder Methode.

Anhang: Die wichtigsten Arkana-Verbindungen

I	Die Alchemistin (Magierin)	Aries	Magier (I)
II	Die Eingeweihte (Priesterin)	Fische	Hohepriesterin (II)
III	Liebe	Zwillinge	Die Liebenden (VI)
IV	Die Älteste	Steinbock	Herrscher (IV)
V	Der Wagen (Selbstdisziplin)	Schütze	Wagen (V oder VII)
VI	Die Matriarchin	Stier	Herrscherin (III)
VII	Bewahrerin der Geheimnisse (Die Prophetin)	Uranus	Hierophant (VII oder V)
VIII	Kraft (Mut)	Venus	Kraft (VIII oder XI)
IX	Gerechtigkeit (Die Wahrheit)	Waage	Gerechtigkeit (IX oder XI oder VIII)
X	Rad des Glücks	Mars	Rad (X)
XI	Die Weise Frau (Geomantin)	Virgo	Eremit (IX oder XI)
XII	Hängen (Heilen)	Merkur	Der Gehängte (XII)
XIII	Tod (Veränderung)	Pluto	Tod (XIII)
XIV	Der Donnerschlag/ Der Blitz	Neptun	Vom Blitz getroffene Turm (XVI)
XV	Mäßigkeit	Jupiter	Mäßigkeit (XIV)
XVI	Der Erddrachen	Saturn	Teufel (XV)
XVII	Der Stern	Wassermann	Stern (XVII)
XVIII	Der Mond	Krebs	Mond (XVIII)
XIX	Die Sonne	Löwe	Sonne (XIX)
XX	Gericht Spirituelle Wiedererweckung	Skorpion	Gericht (XX)
XXI	Die Welt		Die Welt (XXI)
0	Der Narr		Der Narr (0)

Bibliographie

Die untenstehende Liste von Büchern zum Tarot habe ich über Jahre hinweg zusammengestellt. Ich wurde in meinen Interpretationen auch von etlichen Büchern beeinflußt, die zahlreiche Theorien über den Sinn des Lebens und über den Zusammenhang zwischen Spiritualität und Politik entwikkeln. Viele von ihnen habe ich in der Bibliographie „Further Thoughts on Feminism or Wath Is To Be Done" angeführt, dem Buch, das ich 1979 herausgebracht habe. Grundsätzlich kommt mein Verständnis des Tarot jedoch aus meinen Meditationen über die Karten und meinen intuitiven Interpretationen, wenn ich die Karten für mich selbst und für andere lege.

BUDAPEST, Z., The Femnist Book of Lights and Shadows, Luna Publications.

BUTLER, Bill, The Definitive Tarot, Rider.

CASE, Paul Foster, Tarot: Key to the Wisdom of the Ages.

CROWLEY, Aleister, Tarot Divination, Weiser, York Beach. Das Buch Thoth (Ägytischer Tarot), Urania Verlag, Sauerlach, 1985.

DOUGLAS, Alfred, The Tarot, Penguin Books.

GARDNER, Richard, The Tarot Speaks. Evolution Through The Tarot.

GERHART, Sally and RENNIE, Susan, A Feminist Tarot, Persephone Press.

GRAY, Eden, A Complete Guide To The Tarot, Bantam Books.

HUSON, Paul, The Devil's Picture Book.

KAPLAN, Stuart, Encyclopedia of Tarot.

LIND, Frank, How To Understand The Tarot, Aquarian Press.

OUSPENSKY, P. D., The Symbolism of The Tarot, Dover Publications.

PAPUS (Dr. Gerad Encausse), Tarot der Zigeuner, Ansata Verlag, Schweiz Interlaken 1985.

POLLACK, Rachel, Tarot, 78 Stufen der Weisheit, Droemersche Verlagsanstalt, München 1985.

POOTS, Billie, A New Women's Tarot, Elf & Dragon Press.
SADHU, Mouni, The Tarot.
STUART, Micheline, The Tarot: Path to Self-Development, Shambhala Publications.
WAITE, A. E., Der Schlüssel zum Tarot, Urania Verlag, Sauerlach, 1978.